探索生命智慧與時代印記

知堂回想錄
（北大感舊錄）

周作人 著

北大歲月，知識的烙印

學術與革命的交會，周作人的情感回憶

目錄

緣起……007
北大感舊錄一……009
北大感舊錄二……012
北大感舊錄三……015
北大感舊錄四……018
北大感舊錄五……022
北大感舊錄六……025
北大感舊錄七……028
北大感舊錄八……033
北大感舊錄九……037
北大感舊錄十……041
北大感舊錄十一……044
北大感舊錄十二……049
道路的記憶一……053
道路的記憶二……057
女子學院……061
在女子學院被囚記……064
北伐成功……069
章太炎的北遊……073
打油詩……077

目錄

日本管窺……082
日本管窺續……086
北大的南遷……090
元旦的刺客……093
從不說話到說話……097
反動老作家一……100
反動老作家二……105
先母事略……110
監獄生活……116
在上海迎接解放……120
我的工作一……125
我的工作二……128
我的工作三……131
我的工作四……136
我的工作五……141
我的工作六……145
拾遺甲……150
拾遺乙……153
拾遺丙……156
拾遺丁……161
拾遺戊……166
拾遺己……170
拾遺庚……175
拾遺辛……179

拾遺壬……182
拾遺癸……186
拾遺子……190
拾遺丑……194
拾遺寅……198
拾遺卯……202
拾遺辰……206
拾遺巳……210
拾遺午……215
後記……220
後序……223

目錄

緣起

我的朋友陳思先生前幾時寫信給我，勸我寫自敘傳，我聽了十分惶恐，連回信都沒有寫，幸而他下次來信，也並不追及，這才使我放了心。為什麼這樣的「怕」寫自敘傳的呢？理由很是簡單，第一是自敘傳很難寫。既然是自敘傳了，這總要寫得像個東西，因為自敘傳是文學裡的一品種，照例要有詩人的「詩與真實」摻和在裡頭，才可以使得人們相信，而這個工作我是幹不來的。第二是自敘傳沒有材料。一年一年的活了這多少年歲，到得如今不但已經稱得「古來稀」了，而且又是到了日本人所謂「喜壽」，（喜字草書有如「七十七」三字所合成）那麼這許多年裡的事情盡夠多了，怎麼說是沒有呢？其實年紀雖是古稀了，而這古稀的人乃是極其平凡的，從古以來不知道有過多少，毫沒有什麼足以稱道的，況且古人有言，「壽則多辱」，結果是多活一年，便多有一年的恥辱，這有什麼值得說的呢。

話雖如此，畢竟我的朋友的意思是很可感謝的。我雖然沒有接受他原來的好意，卻也不想完全辜負了他，結果是經過了幾天考慮之後，我就決意來寫若干節的「藥堂談往」，也就是一種感舊錄，本來舊事也究竟沒甚可感，只是五六十年前的往事，雖是日常瑣碎事跡，於今想來也多奇奇怪怪，姑且當作「大頭天話」（兒時所說的民間故事）去聽，或者可以且作消閒之一助吧。

時光如流水，平常五十年一百年倏忽的流過去，真是如同朝暮一般，而人事和環境依然如故，所以在過去的時候談談往事，沒有什麼難懂的地方，可是現在卻迥不相同了。社會情形改變得太多了，有些一二十年前的事情，說起來簡直如同隔世，所謂去者日以疏，來者日以親，我想這就因為中間缺少聯絡的緣故。老年人講故事多偏於過去，又兼講話嘮叨，有地方又生怕年青的人不懂，更要多說幾句，因此不免近於煩瑣，近代有教養的青年恐不滿意，特在此說明，特別要請原諒為幸。

北大感舊錄一

我於民國六年(一九一七)初到北大，及至民國十六年暑假，已經十足十年了，恰巧張作霖稱大元帥，將北大取消，改為京師大學，於是我們遂不得不與北京大學暫時脫離關係了。但是大元帥的壽命也不久長，不到一年光景，情形就很不像樣，只能退回東北去，於六月中遇炸而死，不久東三省問題也就解決，所謂北伐遂告成功了。經過了一段曲折之後，北京大學旋告恢復，外觀雖是依然如故，可是已經沒有從前的「古今中外」的那種精神了，所以將這十年作為一段落，算作北大的前期，也是合於事實的。我在學校裡是向來沒有什麼活動的，與別人接觸並不多，但是在文科裡邊也有些見聞，特別這些人物是已經去世的，記錄了下來作為紀念，而且根據佛教的想法，這樣的做也即是一種功德供養，至於下一輩的人以及現在還健在的老輩悉不闌入，但是這種老輩現今也是不多，真正可以說是寥落有如晨星了。

一，辜鴻銘　北大頂古怪的人物，恐怕頂古怪的人物，恐怕眾口一詞的要推辜鴻銘了吧。他是福建閩南人，大概先代是華僑吧，所以他的母親是西洋人，他生得一副深眼睛高鼻子的洋人相貌，頭上一撮黃頭毛，卻編了一條小辮子，冬天穿棗紅寧綢的大袖方馬褂，上戴瓜皮小帽，不要說在民國十年前後的北京，就是在前清時代，馬路上遇見這樣一位小城市裡的華裝教士似的人物，大家也不免要張大了眼睛看得出神的吧。尤其妙的是他那包車的車伕，不知是從哪裡鄉下去特地找了來的，或者是徐州辮子兵的餘留亦未可知，也是一個背拖大辮子的漢子，正同課堂上的主人是好一對，他在紅樓的大門外坐在車兜上等著，也不失為車伕隊中一個特出的人物。辜鴻銘早年留學英國，在那有名的蘇格蘭大學畢業，歸國後有一時也是斷髮西裝革履，出入於湖廣總督衙門，（依據傳說如此，真偽待考）可是後來卻不曉得什麼緣故變成那一副怪相，滿口「春秋大義」，成了十足的保皇派了。但是他似乎只是廣泛的主張要皇帝，與實際運動無關，所以洪憲帝制與宣統復辟兩回事件裡都沒有他的關係，他在北大教的是拉丁文等功課，不能發揮他的正統思想，他就隨時隨地想要找機會發洩。我只在會議席上遇到他兩次，每次總是如此，有一次是北大開文科教授會討論功課，各人紛紛發言，蔡校長也站起來預備說話，辜鴻銘一眼看見首先大聲說道：「現在請大家聽校長的吩咐！」這是他原來的語氣，他的精神也就充分的表現在裡邊了。又有一次是五四運動時，六三事件以後，大概是一九一九年的六月五日左右吧，北大教授在紅樓第二層臨街的一間教室裡開臨時會議。除應付事件外有一件是挽留蔡校長，各人照例說了好些話，反正對於挽留是沒有什麼異議的，問題只是怎麼辦，打電報呢，還是派代表南下。辜鴻銘也走上講台，贊成挽留校長，卻有他自己的特別理由，他說道：「校長是我們學校的皇帝，所以非得挽留不可。」《新青年》的反帝反封建的朋友們有好些都在坐，但是因為他是贊成挽留蔡校長的，所以也沒有人再來和他抬槓。可是他後邊的一個人出來說話，卻於無意中鬧了一個大亂子，也是很好笑的一件事。這位是理科教授姓丁，是江蘇省人，本來能講普通話，可是這回他一上講台去，說了一大串叫人聽了難懂，而且又非常難過的單句。那時天氣本是炎熱，時在下午，又在高樓上一間房裡，聚集了許多人，大家已經很是煩躁的了，這丁先生的話是字字可以聽得清，可是幾乎沒有兩個字以上連得起來的，只聽得他單調的斷續的說，我們，今天，今天，我們，北大，今天，北大，我們，如是者約略有一兩分鐘，不，或者簡直只有半分鐘也說不定，但是人們彷彿覺得已經很是長久，在熱悶的空氣中，聽了這單調的斷續的單語，有如在頭頂上滴著屋漏水，實在令人不容易忍受。大家正在焦燥，不知道怎麼辦才好的時候，忽然的教室的門開了一點，有人伸頭進來把劉半農叫了出去。不久就聽得劉君在門外頓足大聲罵道：「混帳！」裡邊的人都愕然出驚，丁先生以為是在罵他，也便匆匆的下了講台，退回原位去了。這樣會議就中途停頓，等到劉半農進來報告，才知道是怎麼的一回事，這所罵的當然並不是丁先生，卻是法科學長王某，他的名字忘記了，彷彿其中有一個祖字。六三的那一天，北京的中小學生都列隊出來講演，援助五四被捕的學生，北京政府便派軍警把這些中小學生一隊隊的捉了來，都監禁在北大法科校舍內。各方面紛紛援助，贈送食物，北大方面略盡地主之誼，預備茶水食料之類，也就在法科支用了若干款項。這數目記不清楚了，大約也不會多，或者是一二百元吧，北大教授會決定請學校核銷此款，歸入正式開銷之內。可是法科學長不答應，於是事務員跑來找劉半農，因為那時他是教授會的幹事負責人，劉君聽了不禁發起火來，破口大喝一聲，後來大概法科方面也得了著落，而在當時解決了丁先生的糾紛，其功勞實在也是很大的。因為假如沒有他這一喝，會場裡說不定會要發生很嚴重的結果。看那時的形勢，在丁先生一邊暫時並無自動停止的意思，而這樣的講下去，聽的人又忍受不了，立刻就得有鋌而走險的可能。當日劉文典也在場，據他日後對人說，其時若不因了劉半農的一聲喝而停止講話，他就要奔上講台去，先打一個耳光，隨後再叩頭謝罪，因為他實在再也忍受不下去了。——關於丁君因說話受窘的事，此外也還有些傳聞，然而那是屬於「正人君子」所謂的「流言」，所以似乎也不值得加以引用了。

北大感舊錄二

二，劉申叔　北大教授中的畸人，第二個大概要推劉申叔了吧。說也奇怪，我與申叔很早就有些關係，所謂「神交已久」，在丁未（一九〇七）前後他在東京辦《天義報》的時候，我投寄過好些詩文，但是多由陶望潮間接交去，後來我們給《河南》寫文章，也是他做總編輯，不過那時經手的是孫竹丹，也沒有直接交涉過。後來他來到北大，同在國文系裡任課，可是一直沒有見過面，總計只有一次，即是上面所說的文科教授會裡，遠遠的望見他，那時大約他的肺病已經很是嚴重，所以身體瘦弱，簡單的說了幾句話，聲音也很低微，完全是個病夫模樣，其後也就沒有再見到他了。申叔寫起文章來，真是「下筆千言」，細注引證，頭頭是道，沒有做不好的文章，可是字卻寫的實在可怕，幾乎像小孩子的描紅相似，而且不講筆順，——北方書房裡的學童寫字，輒叫口號，例如「永」字，叫道：「點，橫，豎，鉤，挑，劈，剔，捺，」他卻是全不管這些個，只看方便有可以連寫之處，就一直連起來，所以簡直不成字樣。當時北大文科教員裡，以惡札而論申叔要算第一，我就是第二名了，從前在南京學堂裡的時候，管輪堂同學中寫字的成績我也是倒數第二，第一名乃是我的同班同鄉而且又是同房間居住的柯採卿，他的字也畢瑟可憐，像是寒顫的樣子，但還不至於不成字罷了。倏忽五十年，第一名的人都已歸了道山，到如今這榜首的光榮卻不得不屬於我一個人了。關於劉申叔及其夫人何震，最初因為蘇曼殊寄居他們的家裡，所以傳有許多佚事，由龔未生轉述給我們聽，民國以後則由錢玄同所講，及申叔死後，復由其弟子劉叔雅講了些，但叔雅口多微詞，似乎不好據為典要，因此便把傳聞的故事都不著錄了。只是汪公權的事卻不妨提一提，因為那是我們直接見到的。在戊申（一九〇八）年夏天我們開始學俄文的時候，當初是魯迅許季茀陳子英陶望潮和我五個人，經望潮介紹劉申叔的一個親戚來參加，這人便是汪公權。我們也不知道他的底細，上課時匆匆遇見也沒有談過什麼，只見他全副和服，似乎很樸實，可是俄語卻學的不大好，往往連發音都不能讀，似乎他回去一點都不預備似的。後來這一班散了夥，也就走散了事，但是同盟會中間似乎對於劉申叔一夥很有懷疑，不久聽說汪公權歸國，在上海什麼地方被人所暗殺了。

三，黃季剛　要想講北大名人的故事，這似乎斷不可缺少黃季剛，因為他不但是章太炎門下的大弟子，乃是我們的大師兄，他的國學是數一數二的，可是他的脾氣乖僻，和他的學問成正比例，說起有些事情來，著實令人不能恭維。而且上文我說與劉申叔只見過一面，已經很是希奇了，但與黃季剛卻一面都沒有見過，關於他的事情只是聽人傳說，所以我現在覺得單憑了聽來的話，不好就來說他的短長。這怎麼辦才好呢？如不是利用這些傳說，那麼我便沒有直接的材料可用了，所以只得來經過一番篩，擇取可以用得的來充數吧。

這話須還得說回去，大概是前清光緒末年的事情吧，約略猜想年歲當是戊申（一九〇八）的左右，還在陳獨秀辦《新青年》，進北大的十年前，章太炎在東京民報社裡來的一位客人，名叫陳仲甫，這人便是後來的獨秀，那時也是搞漢學，寫隸書的人。這時候適值錢玄同（其時名叫錢夏，字德潛）黃季剛在坐，聽見客來，只好躲入隔壁的房裡去，可是隻隔著兩扇紙糊的拉門，所以什麼都聽得清清楚楚的。主客談起清朝漢學的發達，列舉戴段王諸人，多出在安徽江蘇，後來不曉得怎麼一轉，陳仲甫忽而提起湖北，說那裡沒有出過什麼大學者，主人也敷衍著說，是呀，沒有出什麼人。這時黃季剛大聲答應道：

「湖北固然沒有學者，然而這不就是區區，安徽固然多有學者，然而這也未必就是足下。」主客聞之索然掃興，隨即別去。十年之後黃季剛在北大擁皋比了，可是陳仲甫也趕了來任文科學長，且辦《新青年》，搞起新文學運動來，風靡一世了。這兩者的旗幟分明，衝突是免不了的了，當時在北大的章門的同學做柏梁台體的詩分詠校內的名人，關於他們的兩句恰巧都還記得，陳仲甫的一句是「毀孔子廟罷其祀」，說的很得要領，黃季剛的一句則是「八部書外皆狗屁」，也是很能傳達他的精神的。所謂八部書者，是他所信奉的經典，即是《毛詩》，《左傳》，《周禮》，《說文解字》，《廣韻》，《史記》，《漢書》和《文選》，不過還有一部《文心雕龍》，似乎也應該加了上去才對。他的攻擊異己者的方法完全利用謾罵，便是在講堂上的罵街，它的騷擾力很不少，但是隻能夠煽動幾個聽他的講的人，講到實際的蠱惑力量沒有及得後來專說閒話的「正人君子」的十一了。

北大感舊錄三

四，林公鐸　林公鐸名損，也是北大的一位有名人物，其脾氣的怪僻也與黃季剛差不多，但是一般對人還是和平，比較容易接近得多。他的態度很是直率，有點近於不客氣，我記得有一件事，覺得實在有點可以佩服。有一年我到學校去上第一時的課，這是八點至九點，普通總是空著，不大有人願意這麼早去上課的，所以功課頂容易安排，在這時候常與林公鐸碰在一起。我們有些人不去像候車似的擠坐在教員休息室裡，卻到國文系主任的辦公室去坐，我遇見他就在那裡，這天因為到得略早，距上課還有些時間，便坐了等著，這時一位名叫甘大文的畢業生走來找主任說話，可是主任還沒有到來，甘君等久了覺得無聊，便去同林先生搭訕說話，桌上適值擺著一本北大三十幾週年紀念冊，就拿起來說道：

「林先生看過這冊子麼？裡邊的文章怎麼樣？」林先生微微搖頭道：

「不通，不通。」這本來已經夠了，可是甘君還不肯幹休，翻開冊內自己的一篇文章，指著說道：

「林先生看我這篇怎樣？」林先生從容的笑道：

「亦不通，亦不通。」當時的確是說「亦」字，不是說「也」的，這事還清楚的記得。甘君本來在中國大學讀書，因聽了胡博士的講演，轉到北大哲學系來，成為胡適之的嫡系弟子，能作萬言的洋洋大文，曾在孫伏園的《晨報副刊》上登載《陶淵明與托爾斯泰》一文，接連登了有兩三個月之久，讀者看了都又頭痛又佩服。甘君的應酬交際工夫十二分的綿密，許多教授都為之惶恐退避，可是他一遇著了林公鐸，也就一敗塗地了。

說起甘君的交際工夫，似乎這裡也值得一說。他的做法第一是請客，第二是送禮。請客倒還容易對付，只要辭謝不去好了，但是送禮卻更麻煩了，他是要送到家裡來的，主人一定不收，自然也可以拒絕，可是客人丟下就跑，不等主人的回話，那就不好辦了。那時僱用汽車很是便宜，他在過節的前幾天便僱一輛汽車，專供送禮之用，走到一家人家，急忙將貨物放在門房，隨即上車飛奔而去。有一回竟因此而大為人家的包車伕所窘，據說這是在沈兼士的家裡，值甘君去送節禮，兼做聽差的包車伕接收了，不料大大的觸怒主人，怪他接受了不被歡迎的人的東西，因此幾乎打破了他拉車的飯碗。所以他的交際工夫越好，越被許多人所厭惡，自教授以至工友，沒有人敢於請教他，教不到一點鐘的功課。也有人同情他的，如北大的單不庵，忠告他千萬不要再請客再送禮了，只要他安靜過一個時期，說是半年吧，那時人家就會自動的來請他，不但空口說，並且實際的幫助他，在自己的薪水提出一部分錢來津貼他的生活，邀他在圖書館裡給他做事。但是這有什麼用呢，一個人的脾氣是很不容易改變的。論甘君的學力，在大學裡教教國文，總是可以的，但他過於自信，其態度也頗不客氣，所以終於失敗。錢玄同在師範大學擔任國文系主任，曾經叫他到那裡教「大一國文」（即大學一年級的必修國文），他的選本第一篇是韓愈的《進學解》，第二篇以下至於第末篇都是他自己的大作，學期末了學生便去要求主任把他撤換了。甘君的故事實在說來話長，只是這裡未免有點喧賓奪主，所以這裡只好姑且從略了。

林公鐸愛喝酒，平常遇見總是臉紅紅的，有一個時候不是因為黃酒價貴，便是學校欠薪，他便喝那廉價的劣質的酒。黃季剛得知了大不以為然，曾當面對林公鐸說道，「這是你自己在作死了！」這一次算是他對於友人的道地的忠告。後來聽說林公鐸在南京車站上暈倒，這實在是與他的喝酒有關的。他講學問寫文章因此都不免有愛使氣的地方。一天我在國文系辦公室遇見他，問在北大外還有兼課麼？答說在中國大學有兩小時。是什麼功課呢？說是唐詩。我又好奇的追問道，林先生講哪些人的詩呢？他的答覆很出意外，他說是講陶淵明。大家知道陶淵明與唐朝之間還整個的隔著一個南北朝，可是他就是那樣的講的。這個緣因是，北大有陶淵明詩這一種功課，是沈尹默擔任的，林公鐸大概很不滿意，所以在別處也講這個，至於文不對題，也就不管了。他算是北大老教授中舊派之一人，在民國二十年頃北大改組時標榜革新，他和許之衡一起被學校所辭退了。北大舊例，教授試教一年，第二學年改送正式聘書，只簡單的說聘為教授，並無年限及薪水數目，因為這聘任是無限期的，假如不因特別事故有一方預先宣告解約，這便永久有效。十八年以後始改為每年送聘書，在學校方面生怕照從前的辦法，有不講理的人拿著無限期的聘書，要解約時硬不肯走，所以改了每年送新聘書的方法。其實這也不盡然，這原是在人不在辦法，和平的人就是拿著無限期聘書，也會不則一聲的走了，激烈的雖是期限已滿也還要爭執，不肯罷休的。許之衡便是前者的好例，林公鐸則屬於後者，他大寫其抗議的文章，在《世界日報》上發表的致胡博士（其時任文學院長兼國文系主任）的信中，有「遺我一矢」之語，但是胡適之並不回答，所以這事也就不久平息了。

北大感舊錄四

五，許守白　上文牽連的說到了許之衡，現在便來講他的事情吧。許守白是在北大教戲曲的，他的前任也便是第一任的戲曲教授是吳梅，當時上海大報上還大驚小怪的，以為大學裡居然講起戲曲來，是破天荒的大奇事。吳瞿安教了幾年，因為南人吃不慣北方的東西，後來轉任南京大學，推薦了許守白做他的後任。許君與林公鐸正是反對，對人是異常的客氣，或者可以說是本來不必那樣的有禮，普通到了公眾場所，對於在場的許多人只要一總的點一點頭就行了，等到發見特別接近的人再另行招呼，他卻是不然。進得門來，他就一個一個找人鞠躬，有時那邊不看見，還要從新鞠過。看他模樣是個老學究，可是打扮卻有點特別，穿了一套西服，推光和尚頭，腦門上留下手掌大的一片頭髮，狀如桃子，長約四五分，不知是何取義，有好挖苦的人便送給他一個綽號，叫做「余桃公」，這句話是有歷史背景的。他這副樣子在北大還好，因為他們見過世面，曾看見過辜鴻銘那個樣子，可是到女學校去上課的時候，就不免要稍受欺侮了。其實那裡的學生倒也並不什麼特別去窘他，只是從上課的情形上可以看出他的一點窘狀來而已。北伐成功以後，女子大學劃歸北京大學，改為文學理學分院，隨後又成為女子文理學院，我在那裡一時給劉半農代理國文系主任的時候，為一二年級學生開過一班散文習作，有一回作文叫寫教室裡印象，其中一篇寫得頗妙，即是講許守白的，雖然不曾說出姓名來。她說有一位教師進來，身穿西服，光頭，前面留著一個桃子，走上講台，深深的一鞠躬，隨後翻開書來講。學生們有編織東西的，有寫信看小說的，有三三兩兩低聲說話的。起初說話的聲音很低，可是逐漸響起來，教師的話有點不大聽得出了，於是教師用力提高聲音，於嗡嗡聲的上面又零零落落的聽到講義的詞句，但這也只是暫時的，因為學生的說話相應的也加響，又將教師的聲音沉沒到裡邊去了。這樣一直到了下課的鐘聲響了，教師乃又深深的一躬，踱下了講台，這事才告一段落。魯迅的小說集《徬徨》裡邊有一篇《高老夫子》，說高爾礎老夫子往女學校去上歷史課，向講堂下一望，看見滿屋子蓬鬆的頭髮，和許多鼻孔與眼睛，使他大發生其恐慌，《袁了凡綱鑒》本來沒有預備充分，因此更著了忙，匆匆的逃了出去。這位慕高爾基而改名的老夫子尚且不免如此慌張，別人自然也是一樣，但是許先生卻還忍耐得住，所以教得下去，不過窘也總是難免的了。

六，黃晦聞　關於黃晦聞的事，說起來都是很嚴肅的，因為他是嚴肅規矩的人，所以絕少滑稽性的傳聞。前清光緒年間，上海出版《國粹學報》，黃節的名字同鄧實（秋枚）劉師培（申叔）馬敘倫（夷初）等常常出現，跟了黃梨洲呂晚村的路線，以復古來講革命，灌輸民族思想，在知識階級中間很有些勢力。及至民國成立之後，雖然他是革命老同志，在國民黨中不乏有力的朋友，可是他只做了一回廣東教育廳長，以後就回到北大來仍舊教他的書，不復再出。北伐成功以來，所謂吃五四飯的都飛黃騰達起來，做上了新官僚，黃君是老輩卻那樣的退隱下來，豈不正是落伍之尤，但是他自有他的見地。他平常憤世疾俗，覺得現時很像明季，為人寫字常鈐一印章，文曰「如此江山」。又於民國廿三年（一九三四）秋季在北大講顧亭林詩，感念往昔，常對諸生慨然言之。一九三五年一月廿四日病卒，所注亭林詩終未完成，所作詩集曰「蒹葭樓詩」，曾見有仿宋鉛印本，不知今市上尚有之否？晦聞卒後，我撰一輓聯送去，詞曰：

如此江山，漸將日暮途窮，不堪追憶索常侍。
及今歸去，等是風流雲散，差倖免作顧亭林。

附以小注云，近來先生常用一印云，如此江山，又在北京大學講亭林詩，感念古昔，常對諸生慨然言之。

七，孟心史　與晦聞情形類似的，有孟心史。孟君名森，為北大史學系教授多年，兼任研究所工作，著書甚多，但是我所最為記得最喜歡讀的書，還是民國五六年頃所出的《心史叢刊》，共有三集，蒐集另碎材料，貫串成為一篇，對於史事既多所發明，亦殊有趣味。其記清代歷代科場案，多有感慨語，如云：

「凡汲引人材，從古無以刀鋸斧鉞隨其後者。至清代乃興科場大案，草菅人命，無非重加其罔民之力，束縛而馳驟之。」又云：

「漢人陷溺於科舉至深且酷，不惜借滿人屠戮同胞，以洩其多數僥倖未遂之人年年被擯之憤，此所謂天下英雄入我彀中者也。」孟君耆年宿學，而其意見明達，前後不變，往往出後輩賢達之上，可謂難得矣。廿六年華北淪陷，孟君仍留北平，至冬臥病入協和醫院，十一月中我曾去訪問他一次，給我看日記中有好些感憤的詩，至次年一月十四日乃歸道山，年七十二。三月十三日開追悼會於城南法源寺，到者可二十人，大抵皆北大同人，別無儀式，只默默行禮而已。我曾撰了一副輓聯，詞曰：

野記偏多言外意，
新詩應有井中函。

因字數太少不好寫，又找不到人代寫，亦不果用。北大遷至長沙，職教員凡能走者均隨行，其因老病或有家累者暫留北方，校方承認為留平教授，凡有四人，為孟森，馬裕藻，馮祖荀和我，今孟馬馮三君皆已長逝，只剩了我一個人算是碩果僅存了。

北大感舊錄五

八，馮漢叔　說到了「留平教授」，於講過孟心史之後，理應說馬幼漁與馮漢叔的故事了，但是幼漁雖說是極熟的朋友之一，交往也很頻繁，可是記不起什麼可記的事情來，講到舊聞佚事，特別從玄同聽來的也實在不少，不過都是瑣屑家庭的事，不好做感舊的數據。漢叔是理科數學系的教員，雖是隔一層了，可是他的故事說起來都很有趣味，而且也知道得不少，所以只好把幼漁的一邊擱下，將他的佚事來多記一點也罷。

馮漢叔留學於日本東京前帝國大學理科，專攻數學，成績甚好，畢業後歸國任浙江兩級師範學堂教員，其時尚在前清光緒宣統之交，校長是沈衡山（鈞儒），許多有名的人都在那裡教書，如魯迅許壽裳張邦華等都是。隨後他轉到北大，恐怕還在蔡孑民長校之前，所以他可以說是真正的「老北大」了。在民國初年的馮漢叔大概是很時髦的，據說他坐的乃是自用車，除了裝飾斬新之外車燈也是特別，普通的車只點一盞，有的還用植物油，烏默默的很有點悽慘相，有的是左右兩盞燈，都點上了電石，便很覺得闊氣了，他的車上卻有四盞，便是在靠手的旁邊又添上兩盞燈，一齊點上了就光明燦爛，對面來的人連眼睛都要睜不開來了。腳底下又裝著響鈴，車上的人用腳踏著，一路發出琤瑽的響聲，車子向前飛跑，引得路上行人皆駐足而視。據說那時北京這樣的車子沒有第二輛，所以假如路上遇見四盞燈的洋車，便可知道這是馮漢叔，他正往「八大胡同」去打茶圍去了。愛說笑話的人便給這樣的車取了一個別名，叫做「器字車」，四個口像四盞燈，兩盞燈的叫「哭字車」，一盞的就叫「吠字車」。算起來坐器字車的還算比較便宜，因為中間雖然是個「犬」字，但比較吠哭二字究竟字面要好的多了。

漢叔喜歡喝酒，與林公鐸有點相像，但不聽見他曾有與人相鬧的事情，他又是搞精密的科學的，酒醉了有時候有點糊塗了，可是一遇到上課講學問，卻是依然頭腦清楚，不會發生什麼錯誤。古人說，呂端小事糊塗，大事不糊塗，可見世上的確有這樣的事情。魯迅曾經講過漢叔在民初的一件故事，有一天在路上與漢叔相遇，彼此舉帽一點首後將要走過去的時候，漢叔忽叫停車，似乎有話要說。及至下車之後，他並不開口，卻從皮夾裡掏出二十元鈔票來，交給魯迅，說「這是還那一天輸給你的欠帳的」。魯迅因為並無其事，便說「那一天我並沒有同你打牌，也並不輸錢給我呀」。他這才說道：「哦，哦，這不是你麼？」乃作別而去。此外有一次，是我親自看見的，在「六三」的前幾天，北大同人於第二院開會商議挽留蔡校長的事，說話的人當然沒有一個是反對者，其中有一人不記得是什麼人了，說的比較不直截一點，他沒有聽得清楚，立即憤然起立道：「誰呀，說不贊成的？」旁人連忙解勸道：「沒有人說不贊成的，這是你聽差了。」他於是也說，「哦，哦。」隨又坐下了。關於他好酒的事，我也有過一次的經驗。不記得是誰請客了，飯館是前門外的煤市街的有名的地方，就是酒不大好，這時漢叔也在坐，便提議到近地的什麼店去要，是和他有交易的一家酒店，只說馮某人所要某種黃酒，這就行了。及至要了來之後，主人就要立刻分斟，漢叔阻住他叫先拿試嘗，嘗過之後覺得口味不對，便叫送酒的夥計來對他說，一面用手指著自己的鼻子道：「我，我自己在這裡，叫老闆給我送那個來。」這樣換來之後，那酒一定是不錯的了，不過我們外行人也不能辨別，只是那麼胡亂的喝一通就是了。

北平淪陷之後，民國廿七年（一九三八）春天日本憲兵隊想要北大第二院做它的本部，直接通知第二院，要他們三天之內搬家。留守那裡的事務員弄得沒有辦法，便來找那「留平教授」，馬幼漁是不出來的，於是找到我和馮漢叔。但是我們又有什麼辦法呢？走到第二院去一看，碰見漢叔已在那裡，我們略一商量，覺得要想擋駕只有去找湯爾和，說明理學院因為儀器的關係不能輕易移動，至於能否有效，那只有臨時再看了。便在那裡由我起草寫了一封公函，同漢叔送往湯爾和的家裡。當天晚上得到湯爾和的電話，說擋駕總算成功了，可是隻可犧牲了第一院給予憲兵隊，但那是文科只積存些講義類的東西，散佚了也不十分可惜。這是我最後一次見到馮漢叔，看他的樣子已是很憔悴，已經到了他的暮年了。

九，劉叔雅　劉叔雅名文典，友人常稱之為劉格闌瑪，叔雅則自稱貍豆烏，蓋貍劉讀或可通，叔與菽通，尗字又為豆之象形古文，雅則即是烏鴉的本字。叔雅人甚有趣，面目黧黑，蓋昔日曾嗜鴉片，又性喜肉食，及後北大遷移昆明，人稱之謂「二雲居士」，蓋言雲腿與雲土皆名物，適投其所好也。好吸紙煙，常口銜一支，雖在說話亦黏著唇邊，不識其何以能如此，唯進教室以前始棄之。性滑稽，善談笑，唯語不擇言，自以籍屬合肥，對於段祺瑞尤致攻擊，往往醜詆及於父母，令人不能紀述。北伐成功後曾在蕪湖，不知何故觸怒蔣介石，被拘數日，時人以此重之。劉叔雅最不喜中醫，嘗極論之，備極詼諧刻之能事，其詞云：

「你們攻擊中國的庸醫，實是大錯而特錯。在現今的中國，中醫是萬不可無的。你看有多多少少的遺老遺少和別種的非人生在中國，此輩一日不死，是中國一日之禍害。但是謀殺是違反人道的，而且也謀不勝謀。幸喜他們都是相信國粹的，所以他們的一線當機，全在這班大夫們手裡。你們怎好去攻擊他們呢？」這是我親自聽到，所以寫在一篇說「賣藥」的文章裡，收在《談虎集》捲上，寫的時日是「十年八月」，可見他講這話的時候是很早的了。他又批評那時的國會議員道：

「想起這些人來，也著實覺得可憐，不想來怎麼的罵他們。這總之還要怪我們自己，假如我們有力量買收了他們，卻還要那麼胡鬧，那麼這實在應該重辦，捉了來打屁股。可是我們現在既然沒有錢給他們，那麼這也就只好由得他們自己去賣身去罷了。」他的說話刻薄由此可見一班，可是叔雅的長處並不在此，他實是一個國學大家，他的「淮南鴻烈解」的著書出版已經好久，不知道隨後有什麼新著，但就是那一部書也足夠顯示他的學力而有餘了。

十，朱逷先　朱逷先名希祖，《北京大學日刊》曾經誤將他的姓氏刊為米遇光，所以有一個時候友人們便叫他作「米遇光」，但是他的普遍的綽號乃是「朱鬍子」，這是上下皆知的，尤其是在舊書業的人們中間，提起「朱鬍子」來，幾乎無人不知，而且有點敬遠的神氣，因為朱君多收藏古書，對於此道很是精明，聽見人說珍本舊抄，便揎袖攘臂，連說「吾要」，連書業專門的人也有時弄不過他。所以朋友們有時也叫他作「吾要」，這是浙西的方音，裡邊也含有幽默的意思，不過北大同人包括舊時同學在內普通多稱他為「而翁」，這其實即是朱鬍子的文言譯，因為《說文解字》上說，「而，頰毛也」，當面不好叫他作朱鬍子，但是稱「而翁」，便無妨礙，這可以說是文言的好處了。因為他向來就留了一大部鬍子，這從什麼時候起的呢？記得在民報社聽太炎先生講《說文》的時候，總還是學生模樣，不曾留須，恐怕是在民國初年以後吧。在元年（一九一二）的夏天他介紹我到浙江教育司當課長，我因家事不及去，後來又改任省視學，這我也只當了一個月，就因患瘧疾回家來了。那時見面的印象有點麻胡記不清了，但總之似乎還沒有那古巴英雄似的大鬍子，及民六（一九一七）在北京想見，卻完全改觀了。這卻令人記起英國愛德華理亞（Edward Lear）所作的《荒唐書》裡的第一首詩來：

「那裡有個老人帶著一部鬍子，

他說，這正是我所怕的，
有兩隻貓頭鷹和一隻母雞，
四隻叫天子和一隻知更雀，
都在我的鬍子裡做了窠了！」

這樣的過了將近二十年，大家都已看慣了，但大約在民國廿三四年的時候在北京卻不見了朱鬍子，大概是因了他女婿的關係移轉到廣州的中山大學去了。以後的一年暑假裡，似乎是在民國廿五年（一九三六），這時正值北大招考閱卷的日子，大家聚在校長室裡，忽然開門進來了一個小夥子，沒有人認得他，等到他開口說話，這才知道是朱逷先，原來他的鬍子剃得光光的，所以是似乎換了一個人了。大家這才鬨然大笑，這時的逷先在我這裡恰好留有一個照相，這照片原是在中央公園所照，便是許季茀，沈兼士，朱逷先，沈士遠，錢玄同，馬幼漁和我，一共是七個人，這裡邊的朱逷先就是光下巴的。逷先是老北大，又是太炎同門中的老大哥，可是在北大的同人中間似乎缺少聯絡，有好些事情都沒有他加入，可是他對於我卻是特別關照，民國元年是他介紹我到浙江教育司的，隨後又在北京問我願不願來北大教英文，見於魯迅日記，他的好意我是十分感謝的，雖然最後民六（一九一七）的一次是不是他的發起，日記上沒有記載，說不清楚了。

北大感舊錄七

十一，胡適之　今天聽說胡適之於二月二十四日在台灣去世了，這樣便成為我的感舊錄裡的材料，因為這感舊錄中是照例不收生存的人的，他的一生的言行，到今日蓋棺論定，自然會有結論出來，我這裡只想就個人間的交涉記述一二，作為談話的數據而已。我與他有過賣稿的交涉一總共是三回，都是翻譯。頭兩回是《現代小說譯叢》和《日本現代小說集》，時在一九二一年左右，是我在《新青年》和《小說月報》登載過的譯文，魯迅其時也特地翻譯了幾篇，湊成每冊十萬字，收在商務印書館的世界叢書裡，稿費每千字五元，當時要算是最高的價格了。在一年前曾經託蔡校長寫信，介紹給書店的《黃薔薇》，也還只是二元一千字，雖說是文言不行時，但早晚時價不同也可以想見了。第三回是一冊《希臘擬曲》，這是我在那時的唯一希臘譯品，一總只有四萬字，把稿子賣給文化基金董事會的編譯委員會，得到了十元一千字的報酬，實在是我所得的最高的價了。我在序文的末了說道：

「這幾篇譯文雖只是戔戔小冊，實在也是我的很嚴重的工作。我平常也曾翻譯些文章過，但是沒有像這回費力費時光，在這中間我時時發生恐慌，深有『黃胖搡年糕，出力不討好』之懼，如沒有適之先生的激勵，十之七八是中途擱了筆了。現今總算譯完了，這是很可喜的，在我個人使這三十年來的岔路不完全白走，固然自己覺得喜歡，而原作更是值得介紹，雖然只是太少。諦阿克列多斯有一句話道，一點點的禮物捎著大大的人情。鄉曲俗語云，千里送鵝毛，物輕人意重。姑且引來作為解嘲。」關於這冊譯稿還有過這麼一個插話，交稿之前我預先同適之說明，這中間有些違礙詞句，要求保留，即如第六篇擬曲《暱談》裡有「角先生」這一個字，是翻譯原文抱朋這字的意義，雖然唐譯《苾芻尼律》中有樹膠生支的名稱，但似乎不及角先生三字的通俗。適之笑著答應了，所以它就這樣的印刷著，可是註文裡在那「角」字右邊加上了一直線，成了人名符號，這似乎有點可笑，——其實這角字或者是說明角所制的吧。最後的一回，不是和他直接交涉，乃是由編譯會的祕書關琪桐代理的，在一九三七至三八年這一年裡，我翻譯了一部亞波羅陀洛斯的《希臘神話》，到一九三八年編譯會搬到香港去，這事就告結束，我那《神話》的譯稿也帶了去不知下落了。

一九三八年的下半年，因為編譯會的工作已經結束，我就在燕京大學託郭紹虞君找了一點功課，每週四小時，學校裡因為舊人的關係特加照顧，給我一個「客座教授」（Visiting Professor）的尊號，算是專任，月給一百元報酬，比一般的講師表示優待。其時適之遠在英國，遠遠的寄了一封信來，乃是一首白話詩，其詞云：

「臧暉先生昨夜作一夢，
夢見苦雨庵中喫茶的老僧，
忽然放下茶鐘出門去，
飄然一杖天南行。
天南萬里豈不大辛苦？

只為智者識得重與輕。——
夢醒我自披衣開窗坐，
誰人知我此時一點相思情。
一九三八，八，四。倫敦。」

我接到了這封信後，也做了一首白話詩回答他，因為聽說他就要往美國去，所以寄到華盛頓的中國使館轉交胡安定先生，這乃是他的臨時的別號。詩有十六行，其詞云：

「老僧假裝好吃苦茶，
實在的情形還是苦雨，
近來屋漏地上又浸水，
結果只好改號苦住。
晚間拼好蒲團想睡覺，
忽然接到一封遠方的信，
海天萬里八行詩，
多謝藏暉居士的問訊。
我謝謝你很厚的情意，
可惜我行腳卻不能做到，
並不是出了家特地忙，

因為庵裡住的好些老小。
我還只能關門敲木魚念經，
出門託缽募化些米麵，——
老僧始終是個老僧，
希望將來見得居士的面。
廿七年九月廿一日，知堂作苦住庵吟，略仿藏暉體，卻寄居士美洲。十月八日舊中秋，陰雨如晦中錄存。」

僥倖這兩首詩的抄本都還存在，而且同時找到了另一首詩，乃是適之的手筆，署年月日廿八，十二，十三，藏暉。詩四句分四行寫，今改寫作兩行，其詞云：

兩張照片詩三首，今日開封一惘然。
無人認得胡安定，扔在空箱過一年。

詩裡所說的事全然不清楚了，只是那寄給胡安定的信擱在那裡，經過很多的時候方才收到，這是我所接到的他的最後的一封信。及一九四八年冬北京解放，適之倉皇飛往南京，未幾轉往上海，那時我也在上海，便託王古魯君代為致意，勸其留住國內，雖未能見聽，但在我卻是一片誠意，聊以報其昔日寄詩之情，今王古魯也早已長逝，更無人知道此事了。

末了還得加上一節，《希臘擬曲》的稿費四百元，於我卻有了極大的好處，即是這用了買得一塊墳地，在西郊的板井村，只有二畝的地面，因為原來有三間瓦屋在後面，所以花了三百六十元買來，但是後來因為沒有人住，所以倒塌了，新種的柏樹過了三十多年，已經成林了。那裡葬著我們的次女若子，侄兒豐三，最後還有先母魯老太太，也安息在那裡，那地方至今還好好的存在，便是我的力氣總算不是白花了，這是我所覺得深可慶幸的事情。

十二，劉半農　講到胡適之，令人聯想起劉半農來，這不但是因為兩人都是博士，並且還是同年的關係，他們是卯字號的名人，這事上文已經說過了。劉半農因為沒有正式的學歷，為胡博士他們所看不起，雖然同是「文學革命」隊伍裡的人，半農受了這個激刺，所以發憤去賺他一個博士頭銜來，以出心頭的一股悶氣，所以後來人們叫他們為博士，其含義是有區別的，蓋一是積極的博士，一是消極的也。二人又同為卯字號小一輩的同年生，可是半農卒於一九三四年才及中壽，適之則已是古稀，又是不同的一點。我在上文裡關於半農已經說及，現在再來講他恐有不少重出之處，為此只將那時所作的《半農紀念》一文，抄錄在這裡，那麼即使有些重出，因為那是文中的一部分，或者也無甚妨礙吧。

「七月十五日夜我們到東京，次日定居本鄉菊坂町。二十日我同妻出去，在大森等處跑了一天，傍晚回寓，卻見梁宗岱先生和陳櫻女士已在那裡相候。談次陳女士說在南京看見報載劉半農先生去世的訊息，我們聽了覺得不相信，徐耀辰先生在坐也說這恐怕又是別一個劉復吧，但陳女士說報上說的不是劉復而是劉半農，又說北京大學給他照料治喪，可見這是不會錯的了。我們將離開北平的時候，知道半農往綏遠方面旅行去了，前後相去不過十日，卻又聽說他病死了已有七天了。世事雖然本來是不可測的，但這實在來得太突然，只覺得出意外，惘然若失而外，別無什麼話可說。

半農和我是十多年的老朋友，這回半農的死對於我是一個老友的喪失，我所感到的也是朋友的哀感，這很難得用筆墨紀錄下來。朋友的交情可以深厚，而這種悲哀總是淡泊而平定的，與夫婦子女間沉摯激越者不同，然而這兩者卻是同樣的難以文字表示得恰好。假如我同半農要疏一點，那麼我就容易說話，當作一個學者或文人去看，隨意說一番都不要緊。很熟的朋友卻只作一整個人看，所知道的又太多了，要想分析想挑選了說極難著手，而且褒貶稍差一點分量，心裡完全明瞭，就覺得不誠實，比不說還要不好。荏苒四個多月過去了，除了七月二十四日寫了一封信給半農的女兒小蕙女士外，什麼文章都沒有寫，雖然有三四處定期刊物叫我寫紀念的文章，都謝絕了，因為實在寫不出。九月十四日，半農死後整整兩個月，在北京大學舉行追悼會，不得不送一副輓聯，我也只得寫這樣平凡的幾句話去，敷衍了一下子：

十七年爾汝舊交，追憶還從卯字號，

廿餘日馳驅大漠，歸來竟作丁令威。

這是很空虛的話，只是儀式上所需的一種裝飾的表示而已。學校決定要我充當致詞者之一人，我也不好拒絕，但是我仍是明白我的不勝任，我只能說說臨時想出來的半農的兩種好處。其一是半農的真。他不裝假，肯說話，不投機，不怕罵，一方面卻是天真爛漫，對什麼人都無惡意。其二是半農的雜學。他的專門是語音學，但他的興趣很廣博，文學美術他都喜歡，做詩，寫字，照相，搜書，講文法，談音樂。有人或者嫌他雜，我覺得這正是好處，方面廣，理解多，於處世和治學都有用，不過在思想統一的時代自然有點不合式。我所能說者也就是極平凡的這寥寥幾句。

兩日前閱《人間世》第十六期，看見半農遺稿《雙鳳皇專齋小品文》之五十四，讀了很有所感。其題目日『記硯兄之稱』，文云：

『余與知堂老人每以硯兄相稱，不知者或以為兒時同窗友也。其實余二人相識，余已二十七，豈明已三十三。時余穿魚皮鞋，猶存上海少年滑頭氣，豈明則蓄濃髯，戴大絨帽，披馬伕式大衣，儼然一俄國英雄也。越十年，紅胡入關主政，北新封，《語絲》停，李丹忱捕，余與豈明同避菜廠衚衕一友人家。小廂三楹，中為膳食所，左為寢室，右為書室，席地而臥，室僅一桌，桌僅一硯。寢，食，相對枯坐而外，低頭共硯寫文而已，硯兄之稱自此始。居停主人不許多友來視，能來者余妻豈明妻而外，僅有徐耀辰兄傳遞外間訊息，日或三四至也。時為民國十六年，以十月二十四日去，越一星期歸，今日思之，亦如夢中矣。』

這文章寫得頗好，文章裡邊存著作者的性格，讀瞭如見半農其人。民國六年春間我來北京，在《新青年》上初見到半農的文章，那時他還在南方，留下一種很深的印象，這是幾篇《靈霞館筆記》，覺得有清新的生氣，這在別人筆下是沒有的。現在讀這篇遺文，恍然記及十七年前的事，清新的生氣仍在，雖然更加上一點蒼老與著實了。但是時光過得真快，魚皮鞋子的故事在今日活著的人裡只有我和玄同還知道吧，而菜廠衚衕一節說起來也有車過腹痛之感了。前年冬天半農跟我談到蒙難紀念，問這是哪一天，我查舊日記，恰巧民國十六年中間有幾個月不曾寫，於是查對《語絲》末期出版月日等等，查出這是在十月二十四，半農就說下回要大舉請客來作紀念，我當然贊成他的提議。去年十月不知道怎麼一混大家都忘記了，今年夏天半農在電話裡還說起，去年可惜忘記了，今年一定要舉行，然而半農在七月十四日就死了，計算到十月二十四日恰是一百天。

昔時筆禍同蒙難，菜廠幽居亦可憐。
算到今年逢百日，寒泉一盞薦君前。

這是我所作的打油詩，九月中只寫了兩首，所以在追悼會上不曾用，今見半農此文，便拿來題在後面。所云菜廠在北河沿之東，是土肥原的舊居，居停主人即土肥原的後任某少佐也。秋天在東京本想去訪問一下，告訴他半農的訊息，後來聽說在長崎，沒有能見到。民國二十三年（一九三四）十一月三十日，於北平苦茶庵記。」

北大感舊錄九

十三，馬隅卿　隅卿是於民國二十四年二月十九日在北大上課，以腦出血卒於講堂裡的，我也在這裡抄錄《隅卿紀念》的一篇文章作替代，原本是登載於《苦茶隨筆》裡的。

「隅卿去世於今倏忽三個月了。當時我就想寫一篇小文章紀念他，一直沒有能寫，現在雖然也還是寫不出，但是覺得似乎不能再遲下去了。日前遇見叔平，知道隅卿已於上月在寧波安厝，那麼他的體魄便已永久和北平隔絕，真有去者日以疏之懼。陶淵明《擬輓歌辭》云：

向來相送人，各自還其家。
親戚或餘悲，他人亦已歌。

——何其言之曠達而悲哀耶，恐隅卿亦有此感，我故急急的想寫了此文也。

我與隅卿相識大約在民國十年左右，但直到十四年我擔任了孔德學校中學部的兩班功課，我們才時常見面。當時系與玄同尹默包辦國文功課，我任作文讀書，曾經給學生講過一部《孟子》，《顏氏家訓》和幾卷《東坡尺牘》。隅卿則是總務長的地位，整天坐在他的辦公室裡，又正在替孔德圖書館買書，周圍堆滿了舊書頭本，常在和書賈交涉談判。我們下課後便跑去閒談，雖然知道很妨害他的辦公，可是總也不能改，除我與玄同以外還有王品青君，其時他也在教書，隨後又添上了建功耀辰，聚在一起常常談上大半天。閒談不夠，還要大吃，有時也叫廚房開飯，平常大抵往外邊去要，最普通的是森隆，一亞一，後來又有玉華台。民十七以後移在宗人府辦公，有一天夏秋之交的晚上，我們幾個人在屋外高台上喝啤酒汽水談天，一直到深夜，說起來大家都還不能忘記，但是光陰荏苒，一年一年的過去，不但如此盛會於今不可復得，就是那時候大家的勇氣與希望也已消滅殆盡了。

隅卿多年辦孔德學校，費了許多的心，也吃了許多的苦。隅卿是不是老同盟會我不曾問過他，但看他含有多量革命的熱血，這有一半蓋是對於國民黨解放運動的響應，卻有一大半或由於對北洋派專制政治的反抗。我們在一起的幾年裡，看見隅卿好幾期的活動，在『執政』治下有三一八時期與直魯軍時期的悲苦與屈辱，軍警露刃迫脅他退出宗人府，不久連北河沿的校舍也幾被沒收，到了『大元帥』治下好像是疔瘡已經腫透離出毒不遠了，所以減少沉悶而發生期待，覺得黑暗還是壓不死人的。奉軍退出北京的那幾天他又是多麼興奮，親自跑出西直門外去看姍姍其來的山西軍，學校門外的青天白日旗恐怕也是北京城裡最早的一面吧。光明到來了，他回到宗人府去辦起學校來，我們也可以去閒談了幾年。可是北平的情形愈弄愈不行，隅卿於二十年秋休假往南方，接著就是九一八事件，通州密雲成了邊塞，二十二年冬他回北平來專管孔德圖書館，那時復古的濁氣又已瀰漫國中，到了二十四年春他也就與世長辭了。孔德學校的教育方針向來是比較地解放的向前的，在現今的風潮中似乎最難於適應，這是一個難問題，不過隅卿早一點去了世，不及看見他親手苦心經營的學校裡學生要從新男女分了班去讀經做古文，使他比在章士釗劉哲時代更為難過，那或者可以說是不幸中之大幸了吧。

隅卿的專門研究是明清的小說戲曲，此外又蒐集四明的明末文獻。末了的這件事是受了清末的民族革命運動的影響，大抵現今的中年人都有過這種經驗，不過表現略有不同，例如七先生寫到清乾隆帝必稱曰弘曆，亦是其一。因為這些小說戲曲從來是不登大雅之堂的，所以隅卿自稱曰不登大雅文庫，後來得到一部二十回本的《平妖傳》，又稱平妖堂主人，嘗復刻書中插畫為箋紙，大如冊頁，分得一匣，珍惜不敢用，又別有一種《金瓶梅》畫箋，似刻成未印，今不可得矣。居南方時得到話本二冊，題曰『雨窗集』及『欹枕集』，審定為清平山堂同型之本，舊藏天一閣者也，因影印行世，請兼士書額云雨窗欹枕室，友人或戲稱之為雨窗先生。隅卿用功甚勤，所為札記及考訂甚多，平素過於謙退不肯發表，嘗考馮夢龍事跡著作甚詳備，又抄集遺文成一卷，屢勸其付刊亦未允。吾鄉抱經堂朱君得馮夢龍編《山歌》十卷，為『童痴二弄』之一種，以抄本見示令寫小序，我草草寫了一篇，並囑隅卿一考證之，隅卿應諾，假抄本去影寫一過，且加丹黃，乃亦未及寫成，惜哉。龍子猷殆亦命薄如紙不亞於袁中郎，竟不得隅卿為作佳傳以一發其幽光耶。

隅卿行九，故嘗題其札記曰『勞久筆記』。馬府上的諸位弟兄我都相識，二先生幼漁是太炎國學講習會的同學，民國元年我在浙江教育司的樓上『臥治』的時候他也在那裡做視學，認識最早，四先生叔平，五先生季明，七先生太玄居士，——他的號本是繩甫，也都很熟，隅卿因為孔德學校的關係，見面的機會所以更特別的多。但是隅卿無論怎樣的熟習，想見還是很客氣的叫啟明先生，這我當初聽了覺得有點侷促，後來聽他叫玄同似乎有時也是如此，就漸漸習慣了，這可以見他性情上拘謹的一方面，與喜談諧的另一方面是同樣的很有意義的。今年一月我聽朋友說，隅卿因怕血壓高現在戒肉食了，我笑說道，他是老九，這還早呢。但是不到一個月光景，他真死了，二月十七日孔德校長藍少鏗先生在東興樓請吃午飯，在那裡遇見隅卿幼漁，下午就一同去看廠甸，我得了一冊木板的《訄書》，此外還有些黃虎痴的《湖南風物誌》與王西莊的《練川雜詠》等，傍晚便在來薰閣書店作別。聽說那天晚上同了來薰閣主人陳君去看戲，第二天是陰曆上元，他還出去看街上的燈，一直興致很好，到了十九日下午往北京大學去上小說史的課，以腦出血卒。當天夜裡我得到王淑周先生的電話，同豐一僱了汽車到協和醫院去看，已經來不及了。次日大殮時又去一看，二十一日在上官菜園觀音院接三，送去一副輓聯，只有十四個字道：

月夜看燈才一夢，

雨窗欹枕更何人。

中年以後喪朋友是很可悲的事，有如古書，少一部就少一部，此意惜難得恰好的達出，輓聯亦只能寫得像一副輓聯就算了。

二十四年五月十五日，在北平。」

十四，錢玄同

錢玄同的事情真是說來話長，我不曉得如何寫法好，關於他有一篇紀念文，原名「最後的十七日」，乃是講他的末後的這幾天的，似乎不夠全面，要想增補呢又覺得未免太囉蘇了，那麼怎麼辦才好呢？剛好在二月十九日的《人民日報》上看到晦庵的一篇「書話」，題曰「取締新思想」，引用玄同的話，覺得很有意思，便決定來先作一回的「文抄公」，隨後再來自己獻醜吧。原文云：

「《新社會》於一九二〇年五月被禁，在這之前，大約一九一九年八月，《每週評論》已經遭受查封的命運，一共出了三十七期。當時問題與主義的論爭正在展開，胡適的『四論』就發表在最後一期上，刊物被禁以後，論爭不得不宣告結束，大釗同志便沒有繼『再論』而寫出他的『五論』來。一九二二年冬，北洋政府的國務會議進一步透過取締新思想案，決定以《新青年》和《每週評論》成員作為他們將要迫害的對象。訊息流傳以後，胡適曾經竭力表白自己的溫和，提倡什麼好人政府，但還是被王懷慶輩指為過激派，主張捉將官裡去，嚇得他只好以檢查糖尿病為名，銷聲匿跡的躲了起來。正當這個時候，議員受賄的案件被揭發了，不久又發生國會違憲一案，鬧得全國譁然，內閣一再更易，取締新思想的決議便暫時擱起。到了一九二四年，舊事重提，六月十七日的《晨報副刊》第一三八號上，雜感欄裡發表三條『零碎事情』，第一條便反映了『文字之獄的黑影』：

『「《天風堂集》與《一目齋文鈔》忽於昌英之妐之日被ㄐㄧㄣㄓ了。」這一句話是我從一個朋友給另一個朋友的信中偷看來的，話雖然簡單，卻包含了四個謎語。《每週評論》及《努力》上有一位作者別署天風，又有一位別署隻眼，這兩部書大概是他們作的吧。ㄐㄧㄣㄓ也許是禁止，我這從兩部書的性質上推去，大概是不錯的。但什麼是「昌英之妐之日」呢？我連忙看《康熙字典》看妐是什麼字。啊，有了！《字典》「妐」字條下明明注著，《集韻》，諸容切，音鐘，夫之兄也。中國似有一位昌英女士，其夫曰端六先生，端六之兄不是端五麼？如果我這個謎沒有猜錯，那麼謎底必為《胡適文存》與《獨秀文存》忽於端午日被禁止了。但我還沒有聽見此項訊息。可恨我這句話是偷看來的，不然我可以向那位收信或發信的朋友問一問，如果他們還在北京。』

這條雜感署名『夏』，夏就是錢玄同的本名，謎語其實就是玄同自己的創造。當時北洋軍閥禁止《獨秀文存》，《胡適文存》，《愛美的戲劇》，《愛的成年》，《自己的園地》等書，玄同為了揭發事實，故意轉彎抹角，掉弄筆頭，以引起社會的注意。胡適便據此四面活動，多方寫信。北洋政府一面否認有禁書的事情，說檢閱的書已經發還，一面卻查禁如故。到了六月廿三日，《晨報副刊》第一四三號又登出一封給『夏』和胡適的通訊，署名也是『夏』。

『夏先生和胡適先生：

關於《天風堂集》與《一目齋文鈔》被禁止的事件，本月十一日下午五時我在成均遇見茭白先生，他的話和胡適先生一樣。但是昨天我到舊書攤上去問，據說還是不讓賣，幾十部書還在那邊呢，許是取不回來了吧。

夏白。（這個夏便是夏先生所說的寫信的那個朋友。夏先生和夏字有沒有關係，我不知道，我可是和夏字曾經發生過關係的，所以略仿小寫萬字的註解的筆法，加這幾句注。）十三，六，二十。』

所謂『略仿小寫萬字的註解的筆法』云云，意思就是萬即萬，夏即夏，原來只是一回事，一個人而已。這封通訊後面還有一條畫龍點睛的尾巴：

『寫完這封信以後，拿起今天的《晨報》第六版來看，忽然看見「警察廳定期焚書」這樣一個標題，不禁打了一個寒噤，雖然我並不知道這許多敗壞風俗小說及一切違禁之印刷物是什麼名目。』可見當時不但禁過書，而且還焚過書，鬧了半天，原來都是事實。短文採取層層深入的辦法，我認為寫得極好。這是五四初期取締新思想的一點重要史料。敗壞風俗，本來有各式各樣解釋，魚目既可混珠，玉石不免俱焚。從古代到近代，從外國到中國，敗壞風俗幾乎成為禁書焚書的共同口實，前乎北洋軍閥的統治階級利用過它，後乎北洋軍閥的統治階級也利用過它。若問敗的什麼風，壞的什麼俗，悠悠黃河，這就有待於我們這一輩人的辨別了。」

這篇文章我也覺得寫的很好，它能夠從不正經的遊戲文章裡了解其真實的思義，得到有用的數據，極是難得的事。可惜能寫那種轉彎抹角，掉弄筆頭，詼諧諷刺的雜文的人已經沒有了，玄同去世雖已有二十四年，然而想起這件事來，卻是一個永久的損失。

北大感舊錄十一

以下是我所寫的《玄同紀念》的文章，原名「最後的十七日」，登在燕京大學的月刊上，因為裡邊所記是民國廿八年（一九三九）一月一日至十七日的事情，玄同就在十七日去世的。一日上午我被刺客所襲擊，左腹中一槍，而奇蹟的並未受傷，這案雖未破獲，卻知道是日本軍部的主使，確無疑問，這事到講到的時候再說。玄同本來是血壓高，且有點神經過敏，因此受刺激以致發病，還有湊巧的一件事，他向來並不相信命運，恰於一年前偶然在舊書裡發見有一張批好的「八字」。這也不知道是什麼時候的東西，大約總還是好多年前叫人批了好玩的吧，他自己也已忘記了，在這上邊批到五十二歲便止，而他那時候正是五十二歲，因為他是清光緒丁亥（一八八七）年生的，雖然他並不迷信，可是這可能在他心理上造成一個黑影。

「玄同於一月十七日去世，於今百日矣。此百日中，不曉得有過多少次，想要寫一篇小文給他作紀念，但是每次總是沉吟一回，又復中止。我覺得這無從下筆。第一，因為我認識玄同很久，從光緒戊申在民報社想見以來，至今已是三十二年，這其間的事情實在太多了，要挑選一兩點來講，極是困難，——要寫只好寫長編，想到就寫，將來再整理，但這是長期的工作，現在我還沒有這餘裕。第二，因為我自己暫時不想說話。《東山談苑》記倪元鎮為張士信所窘辱，絕口不言，或問之，元鎮曰，一說便俗。這件事我向來很是佩服，在現今無論關於公私的事有所聲說，都不免於俗，雖是講玄同也總要說到我自己，不是我所願意的事，所以有好幾回拿起筆來，結果還是放下。但是，現在又決心來寫，只以玄同最後的十幾天為限，不多講別的事，至於說話人本來是我，好歹沒有法子，那也只好不管了。

廿八年一月三日，玄同的大世兄秉雄來訪，帶來玄同的一封信，其文曰：

『知翁：元日之晚，召詒坌息來告，謂兄忽遇狙，但幸無恙，駭異之至，竟夕不寧。昨至丘道，悉鏗詒炳揚諸公均已次第奉訪，兄仍從容坐談，稍慰。晚鐵公來詳談，更為明瞭，唯無公情形迄未知悉，但祝其日趨平復也。事出意外，且聞前日奔波甚劇，想日來必感疲乏，願多休息，且本平日寧靜樂天之胸襟加意排解攝衛！弟自己是一個浮躁不安的人，乃以此語奉勸，豈不自量而可笑，然實由衷之言，非勸慰泛語也。旬日以來，雪凍路滑，弟懍履冰之戒，只好家居，憚於出門，丘道亦只去過兩三次，且迂道黃城根，因怕走柏油路也。故尚須遲日拜訪，但時向奉訪者探詢尊況。頃雄將走訪，故草此紙。龢闍白。廿八，一，三。』

這裡需要說明的只有幾個名詞。丘道即是孔德學校的代稱，玄同在那裡有兩間房子，安放書籍兼住宿，近兩年覺得身體不好，住在家裡，但每日總還去那邊，有時坐上小半日。闇是其晚年別號之一。去年冬天曾以一紙寄示，上鈐好些印文，都是新刻的，有肄龢，觚叟，龢庵居士，逸谷老人，憶菰翁等。這大都是從疑古二字變化來，如逸谷只取其同音，但有些也兼含意義，如觚龢本同是一字，此處用為小學家的表徵，菰乃是吳興地名，此則有敬鄉之意存焉。玄同又自號鮑山疒叟，據說鮑山亦在吳興，與金蓋山相近，先代墳墓皆在其地云。曾託張樾丞刻印，有信見告云：

『昨以三孔子贈張老丞，蒙他見賜疒叟二字，書體似頗不惡，蓋頗像百衲本第一種宋黃善夫本《史記》也。唯看上一字，似應云，像人高踞床闌干之顛，豈不異歟！老兄評之以為何如？』此信原本無標點，印文用六朝字型，疒字左下部分稍右移居畫下之中，故云然，此蓋即鮑山疒叟之省文。

十日下午玄同來訪，在苦雨齋西屋坐談，未幾又有客至，玄同遂避入鄰室，旋從旁門走出白去。至十六日得來信，系十五日付郵者，其文曰：

『起孟道兄：今日上午十一時得手示，即至丘道交與四老爺，而祖公即於十二時電四公，於是下午他們（四與安）和它們（「九通」）共計坐了四輛洋車，給這書點交給祖公了。此事總算告一段落矣。日前拜訪，未盡欲言，即挾《文選》而走，此《文選》疑是唐人所寫，如不然，則此君憮唐可謂工夫甚深矣。……研究院式的作品固覺無意思，但鄙意老兄近數年來之作風頗覺可愛，即所謂「文抄」是也。「兒童……」（不記得那天你說的底下兩個字了，故以虛線號表之）也太狹（此字不妥），我以為「似尚宜」用「社會風俗」等類的字面（但此四字更不妥，而可以意會，蓋即數年來大作那類性質的文章，——愈說愈說不明白了），先生其有意乎？……旬日之內尚擬拜訪面罄，但窗外風聲呼呼，明日似又將雪矣，泥滑滑泥，行不得也哥哥，則或將延期矣。無公病狀如何，有起色否？甚念。弟師黃再拜。廿八，一，十四，燈下。』

這封信的封面寫『鮑緘』，署名師黃則是小時候的名字，黃即是黃山谷。所云「九通」，乃是李守常先生的遺書，其後人窘迫求售，我與玄同給他們設法賣去，四祖諸公都是幫忙搬運過付的人。這件事說起來話長，又有許多感慨，總之在這時候告一段落，是很好的事。信中間略去兩節，覺得很是可惜，因為這裡講到我和他自己的關於生計的私事，雖然很有價值有意思，卻也就不能發表。只有關於《文選》，或者須稍有說明。這是一個長卷，系影印古寫本的一卷《文選》，有友人以此見贈，十日玄同來時便又轉送給他了。

我接到這信之後即發了一封回信去，但是玄同就沒有看到。十七日晚得錢太太電話，云玄同於下午六時得病，現在德國醫院。九時頃我往醫院去看，在門內廊下遇見稻孫少鏗令揚炳華諸君，知道情形已是絕望，再看病人形勢刻刻危迫，看護婦之倉皇與醫師之緊張，又引起十年前若子死時的情景，乃於九點三刻左右出院徑歸，至次晨打電話問少鏗，則玄同於十時半頃已長逝矣。我因行動不能自由，十九日大殮以及二十三日出殯時均不克參與，只於二十一日同內人到錢宅一致弔唁，並送去輓聯一副，系我自己所寫，其詞曰：

戲語竟成真，何日得見道山記。

同遊今散盡，無人共話小川町。

這副輓聯上本來撰有小注，臨時卻沒有寫上去。上聯注云，『前屢傳君歸道山，曾戲語之曰，道山何在，無人能說，君既曾遊，大可作記以示來者。君歿之前二日有信來，回信中又復提及，唯寄到時君已不及見矣。』下聯注云，『余識君在戊申歲，其時尚號德潛，共從太炎先生聽講《說文解字》，每星期日集新小川町民報社。同學中龔寶銓朱宗萊家樹人均先歿，朱希祖許壽裳現在川陝，留北平者唯余與玄同而已。每來談常及爾時出入民報社之人物，竊有開天遺事之感，今並此絕響矣。』輓聯共作四副，此係最後之一，取其尚不離題，若太深切便病晦或偏，不能用也。

關於玄同的思想與性情有所論述，這不是容易的事，現在也還沒有心情來做這種難工作，我只簡單的一說在聽到凶信後所得的感想。我覺得這是對於我的一個大損失。玄同的文章與言論平常看去似乎頗是偏激，其實他是平正通達不過的人。近幾年來和他商量孔德學校的事情，他總最能得要領，理解其中的曲折，尋出一條解決的途徑，他常詼諧的稱為『貼水膏藥』，但在我實在覺得是極難得的一種品格，平時不覺得，到了不在之後方才感覺可惜，卻是來不及了，這是真的可惜。老朋友中玄同和我見面時候最多，講話也極不拘束而且多遊戲，但他實在是我的畏友。浮泛的勸誡與嘲諷雖然用意不同，一樣的沒有什麼用處。玄同平常不務苛求，有所忠告必以諒察為本，務為受者利益計算，亦不泛泛徒為高論，我最覺得可感，雖或未能悉用，而重違其意，恆自警惕，總期勿太使他失望也。今玄同往矣，恐遂無復有能規誡我者。這裡我只是少講私人的關係，深愧不能對於故人的品格學問有所表揚，但是我於此破了二年來不說話的戒，寫下這一篇文章，在我未始不是一個大的決意，姑以是為故友紀念可也。民國廿八年，四月廿八日。」

這裡須要補說一句，那部李先生的遺書「九通」，是賣給當時的北京女子師範大學的，所謂祖君就是學校的祕書趙祖欣氏，現在還在北京，雖然在勝利後學校仍然歸併於師範大學，可是圖書館裡的書大概是仍然存在的吧。

北大感舊錄十二

上面所說都是北京大學的教授，但是這裡想推廣一點開去，稍為談談職員方面，這裡第一個人自然便是蔡校長了，第二個是蔣夢麟，就是上文一六四節玄同的信裡所說的「茭白先生」，關於他也有些可以談的，但其人尚健在，這照例是感舊錄所不能收的了。

十五，蔡孑民　蔡孑民名元培，本字鶴卿，在清末因為講革命，改號孑民，後來一直沿用下去了。他是紹興城內筆飛衖的人，從小時候就聽人說他是一個非常的古怪的人，是前清的一個翰林，可是同時又是亂黨。家裡有一本他的硃卷，文章很是奇特，篇幅很短，當然看了也是不懂，但總之是不守八股的規矩，後來聽說他的講經是遵守所謂公羊家法的，這是他的古怪行徑的起頭。他的主張說是共產公妻，這話確是駭人聽聞，但是事實卻正是相反，因為他的為人也正是與錢玄同相像，是最端正拘謹不過的人，他發起進德會，主張不嫖，不賭，不娶妾，進一步不作官吏，不吸菸，不飲酒，最高等則不作議員，不食肉，很有清教徒的風氣。他是從佛老出來經過科學影響的無政府共產，又因讀了俞理初的書，主張男女平等，反對守節，那麼這種謠言之來也不是全無根據的了。可是事實呢，他到老不殖財，沒有豔聞，可謂知識階級裡少有人物，我們引用老輩批評他的話，做一個例子。這是我的受業師，在三味書屋教我讀《中庸》的壽洙鄰先生，他以九十歲的高齡，於去年逝世了，壽師母分給我幾本他的遺書，其中有一冊是《蔡子民言行錄》下，書面上有壽先生的題字云：

「子民學問道德之純粹高深，和平中正，而世多訾嗷，誠如莊子所謂純純常常，乃比於狂者矣。」

又云：

「子民道德學問集古今中外之大成，而實踐之，加以不擇壤流，不恥下問之大度，可謂偉大矣。」這些贊語或者不免有過高之處，但是他引莊子的話說是純純常常，這是很的確的，蔡子民庸言庸行的主張最好發表在留法華工學校的講義四十篇裡，只是一般人不大注意罷了。他在這裡偶然說及古今中外，這也是很得要領的話。三四年前我曾寫過一篇講蔡子民的短文，裡邊說道：

「蔡子民的主要成就，是在他的改革北大。他實際擔任校長沒有幾年，做校長的時期也不曾有什麼行動，但他的影響卻是很大的。他的主張是『古今中外』一句話，這是很有效力，也很得時宜的。因為那時候是民國五六年，袁世凱剛死不久，洪憲帝制雖已取消，北洋政府裡還充滿著烏煙瘴氣。那時是黎元洪當總統，段祺瑞做內閣總理，雖有好的教育方針，也無法設施。北京大學其時國文科只有經史子集，外國文只有英文，教員只有舊的幾個人，這就是所謂『古』和『中』而已，如加上『今』和『外』這兩部分去，便成功了。他於舊人舊科目之外，加了戲曲和小說，章太炎的弟子黃季剛，洪憲的劉申叔，尊王的辜鴻銘之外，加添了陳獨秀胡適之劉半農一班人，英文之外也添了法文德文和俄文了。古今中外，都是要的，不管好歹讓它自由競爭，這似乎也不很妥當，但是在那個環境裡，非如此說法，『今』與『外』這兩種便無法存身，當作策略來說，也是必要的。但在蔡子民本人，這到底是一種策略呢，還是由衷之言，也還是不知道，（大半是屬於後者吧）不過在事實上是奏了效，所以就事論事，這古今中外的主張在當時說是合時宜的了。

但是，他的成功也不是一帆風順的。學校裡邊先有人表示不滿，新的一邊還沒有表示排斥舊的意思，舊的方面卻首先表示出來了。最初是造謠言，因為北大最初開講元曲，便說在教室裡唱起戲文來了，又因提倡白話文的緣故，說用《金瓶梅》當教科書了。其次是舊教員在教室中謾罵，別的人還隱藏一點，黃季剛最大膽，往往昌言不諱。他罵一般新的教員附和蔡孑民，說他們『曲學阿世』，所以後來滑稽的人便給蔡孑民起了一個綽號叫做『世』，如去校長室一趟，自稱去『阿世』去。知道這個名稱，而且常常使用的，有馬幼漁錢玄同劉半農諸人，魯迅也是其中之一，往往見諸書簡中，成為一個典故。報紙上也有反響，上海研究系的《時事新報》開始攻擊，北京安福系的《公言報》更加猛攻，由林琴南來出頭，寫公開信給蔡孑民，說學校裡提倡非孝，要求斥逐陳胡諸人。蔡答信說，《新青年》並未非孝，即使有此主張也是私人的意見，只要在大學裡不來宣傳，也無法干涉。林氏老羞成怒，大有借當時實力派徐樹錚的勢力來加迫壓之勢，在這時期五四風潮勃發，政府忙於應付大事，學校的新舊衝突總算幸而免了。」

我與蔡孑民平常不大通問，但是在一九三四年春間，卻接到他的一封信，開啟看時乃是和我茶字韻的打油詩三首，其中一首特別有風趣，現在抄錄在這裡，題目是——「新年，用知堂老人自壽韻」，詩云：

新年兒女便當家，不讓沙彌袈了裟。（原注，吾鄉小孩子留髮一圈而剃其中邊者，謂之沙彌。《癸巳存稿》三，《精其神》一條引經了筵陣了亡等語，謂此自一種文理。）

鬼臉遮顏徒嚇狗，龍燈畫足似添蛇。

六麼輪擲思贏豆，數語蟬聯號績麻。（吾鄉小孩子選炒蠶豆六枚，於一面去殼少許謂之黃，其完好一面謂之黑，二人以上輪擲之，黃多者贏，亦仍以豆為籌馬。以成語首字與其他末字相同者聯句，如甲說「大學之道」，乙接說「道不遠人」，丙接說「人之初」等，謂之績麻。）

樂事追懷非苦語，容吾一樣吃甜茶。（吾鄉有「吃甜茶，講苦話」之語。）

署名則仍是蔡元培，並不用什麼別號。此於遊戲之中自有謹厚之氣，我前談《春在堂雜文》時也說及此點，都是一種特色。他此時已年近古希，而記敘新年兒戲情形，細加註解，猶有童心，我的年紀要差二十歲光景，卻還沒有記得那樣清楚，讀之但有悵惘，即在極小的地方前輩亦自不可及也。

此外還有一個人，這人便是陳仲甫，他是北京大學的文科學長，也是在改革時期的重要腳色。但是仲甫的行為不大檢點，有時涉足於花柳場中，這在舊派的教員是常有的，人家認為當然的事，可是在新派便不同了，報上時常揭發，載陳老二抓傷妓女等事，這在高調進德會的蔡子民，實在是很傷腦筋的事。我們與仲甫的交涉，與其說是功課上倒還不如文字上為多，便是都與《新青年》有關係的，所以從前發表的一篇《實庵的尺牘》，共總十六通，都是如此。如第十二是一九二〇年所寫的，末尾有一行道：「魯迅兄做的小說，我實在五體投地的佩服。」在那時候他還只看得《孔乙己》和《藥》這兩篇，就這樣說了，所以他的眼力是很不錯的。九月來信又說：

「豫才兄做的小說實在有集攏來重印的價值，請你問他倘若以為然，可就《新潮》、《新青年》剪下自加訂正，寄來付印。」等到《吶喊》在一九二二年的年底編成，第二年出版，這已經在他說話的三年之後了。

道路的記憶一

凡是一條道路，假如一個人第一次走過，一定會有好些新的發見，值得注意，但是過了些時候卻也逐漸的忘記了。可是日子走得多了，情形又有改變，許多事情不新鮮了，然而有一部分事物因為看得長久了，另外發生一種深切的印象，所以重又記住，這卻是輕易不容易忘記，久遠的留在記憶裡。我所想記者便是這種事情，姑且以最熟習的往兩個大學去的路上為例，這就是北京大學和燕京大學，自南至北，自西至東，差不多京師的五城都已跑遍了，論時則長的有二十年，短的也有十年，與今日相去也已有三十年光景，所以殊有隔世之感了，現在就記得的記錄一點下來，未始不是懷古的好數據吧。

北京大學從前在景山東街，後來改稱第二院，新建成的宿舍作為第一院，在漢花園，因為就是沙灘的北口，所以也籠統稱為沙灘。這是在故宮的略為偏東北一點的地方，即是北京的中央，以前警廳稱為中一區的便是。可是我的住處卻換了兩處，民國六年至八年（一九一七——一九一九）住在南半截衚衕，位於宣武門外菜市口之南，往北大去須朝東北，但以後住在現今的地方，是西直門內新街口之西，所以這又須得朝著東南走了。這兩條線會合在北大，差不多形成一個鈍角，使我在這邊線上看得一個大略，這是很有意思的，叫我至今不能忘記。

往北大去的路線有好幾條，大意只是兩種，即是走到菜市口之後，是先往東走呢，還是先往北走？

現在姑且說頭一種走法，即由菜市口往騾馬市走去，——這菜市口當時的印象就不很好，在現今大約都已不記得了吧，雖然在民國以來早已不在那裡殺人，但是庚子時候的殺五大臣，戊戌的殺「六君子」，都是在那裡，不由人不聯想起來，而那個飽經世變的「西鶴年堂」卻仍是屹立在那邊，更令人會幻想起當時的情景，不過這只是一轉瞬就過去了。往東走到虎坊橋左近，車子就向北走進五道廟街，以後便一直向東向北奔去。這中間經過名字很怪的李鐵拐斜街，走到前門繁盛市街觀音寺街和大柵欄，——大柵欄因為行人太多，所以車子不大喜歡走，大抵拐灣由廊房頭條進珠寶市，而出至正陽門了。這以後便沒有什麼問題，走過了天安門廣場，在東長安街西邊便是南池子接北池子這條漫長的街道，走完了這街就是沙灘了。

第二種走法是先往北走，就是由菜市口一直進宣武門，透過單牌樓和四牌樓，——這些牌樓現在統沒有了，但是在那時候都還是巍然在望的。說起西四牌樓來，這也是很可怕的地方，因為明朝很利用它為殺人示眾之處，不，不只是殺而是剮，據書中記錄明末將不孝繼母的翰林鄭鄤，欽命剮多少刀的，就是在這個寫著「大市街」的牌樓的中間。現在沒有這些牌樓了，到也覺得乾淨，雖然記憶還不能抹拭乾淨，看來崇禎的倒楣實在是活該的，他的作風與洪武永樂相去不遠，後人記念他，附會他是朱天君，乃是因為反對滿清的緣故罷了。朝北走到西四牌樓，這已經夠了，以後便是該往東走，但是因為中間有一個北海和中南海梗塞著，西城和中城的交通很是不方便，籠總只有兩條路可走，一條是由西單牌樓拐彎，順著西長安街至天安門，一條則是由西四牌樓略南拐彎，順著西安門大街過北海橋，至北上門，這是故宮的後門，北邊便是景山，中間也可以透過。雖說這兩條路一樣的可以走得，但是拉車的因為怕北海橋稍高，（解放後重修，這才改低了）所以不大喜歡走這條路，往往走到西單牌樓，便取道西長安街，在不到天安門的時候就向北折行，進南長街去了。南長街與北長街相連線，是直通南北的要道，與南北池子平行，是故宮左右兩側的唯一的通路，不過它通到北頭，離沙灘還隔著一程，就是故宮的北邊這一面，現在稱為景山前街的便是。在這段街路上，雖然不到百十丈遠，卻見到不少難得看見的情景，乃是打發到玉泉山去取御用的水回來的驢車，紅頂花翎的大官坐著馬車或是徒步走著，成群的從北上門退出，乃是上朝回來的人，這些都是後來在別的地方所見不到的東西，但是自從搬家到西北城之後，到北大去不再走這條道路，所以後來也就沒有再見的機會了。

從外城到北大去，隨便在外邊叫一輛洋車，走路由車伕自願，無論怎樣走都好，但是平均算來總有一半是走前門的，所以購買東西很是方便，不必特別上街去，那時買日用雜貨的店鋪差不多集中前門一帶，只有上等文具則在琉璃廠，新書也以觀音寺街的青雲閣最為齊備，樓上也有茶點可吃，住在會館裡的時候幾乎每星期日必到那裡，記得小吃似乎比別的地方為佳，不過那都是「五四」以前的事，去今已是四十多年了。

從西北城往北大的路，與上邊所說正是取相反的方向，便是一路只從東南走去，這路只有一條，即是進地安門即後門出景山後街，再往東一拐即是景山東街了，此外雖然還有走西安門大街的一條路，但那似乎要走遠一點，所以平常總是不大走。這一條從新街口到後門的路本來也很平凡，只是我初來北京往訪蔡校長的時候，曾經錯走過一次，所以覺得很有意思，不過那是出地安門來的就是了。後來走的是從新街口往南，在護國寺街東折，沿著定府大街通往龍頭井，迤往南便是皇城北面的大路了。這一路雖是冷靜平凡，可是變遷很多，也很值得講。第一是護國寺，這裡每逢七八有廟會，裡邊什麼統有，日常用品以及玩具等類，茶點小吃，演唱曲藝，都是平民所需要的，無不具備，來玩的人真是人山人海，終年如此。這稱為西廟，與東城隆福寺稱作東廟的相對，此外西城還有白塔寺也有廟會，不過那是規模很小，不能相比了。第二是定府大街，後來改稱定阜大街，原來是以王府得名，這就是清末最有勢力的慶王的住宅，雖是在民國以後卻還是很威風，門前站著些衛兵，裝著拒馬。後來將東邊地方賣給天主教人，建造起輔仁大學，此後他們的威勢似乎漸漸的不行了。第三是那條皇城北面的街路，當初有高牆站在那裡，牆的北邊是那馬路，車子沿著牆走著，樣子是夠陰沉沉的，特別在下雪以後，那靠牆的一半馬路老是冰凍著，到得天暖起來這一半也總是溼淋淋的，這個印象還是記得。那裡從前通什剎海的一座石橋就有一部分砌在牆內，便稱作西壓橋，和那東邊的橋相對，那邊的橋不被壓著，所以稱為東不壓橋。西壓橋以北是什剎海，乃是明朝以來的名勝，到了民國以後也還是人民的公園，特別是在夏季，興起夏令市場，擺些茶攤點心鋪，買八寶蓮子粥最有名，又有說書歌唱賣技的處所，可以說是平民的遊樂地。我雖然時常走過，遠聞鼓樂聲，看大家熙來攘往的，就可惜不曾停了車子，走去參加盛會，確實是一回遺憾的事情。

道路的記憶二

我是從民國十一年才進燕京大學去教書，至二十年退出，在這個期間我的住處沒有變動，但是學校卻搬了家，最初是在崇文門內盔甲廠，乃是北京內城的東南隅，和我所住的西北城正成一條對角線，隨後遷到西郊的海甸，卻離西直門很遠，現今公共汽車計有十站，大約總有十幾里吧。但是當初在城裡的時候，這條對角線本來也不算近，以前往北大去曾經試驗步行過，共總要花一個鐘頭，車子則只要三十分鐘，若是往燕大去車子要奔跑一個鐘頭，那麼是北大的二倍了。我在那邊上課的時間都是排在下午，可以讓我在上午北大上完課之後再行前去，中午叫工友去叫一盤炒麵，外帶兩個「窩果兒」即是氽雞子來，只要用兩三角錢就可以吃飽，但是也有時來不及吃，只可在東安市場買兩個雞蛋糕的卷子，冬天放下車簾一路大吃，等得到來也就可以吃完了。從北大走去，那條對角線恰是一半，其路線則由漢花園往南往東，或者取道北河沿，或者由翠花衚衕出王府大街，反正總要走過東安市場所在的東安門的。說起東安門來也有復闢時記憶留著，那朝西北的門洞邊上有著槍彈的痕跡，即是張勛公館的辮子兵所打出來的，不過現在東安門久已拆除，所以這些遺蹟已全然不見了。自東安市場以至王府井大街，再往東便是東單牌樓了，那是最為繁盛的地方，買什麼東西都很方便，那時雖然不再走過前門，可是每星期總要幾回走過東單，就更覺得便利了。東單牌樓往南走不多遠，就得往東去，或在蘇州衚衕拐灣再轉至五老胡同，或者更往南一點進船板衚衕釣餌衚衕，出去便是溝沿頭，它的南端與盔甲廠相接。說也奇怪，這北京東南的地方在我卻是似曾相識，因為在五年前復闢的時候，我們至東城避難，而這家旅館乃是恰在船板衚衕的陋巷裡。我們在那裡躲了幾天，有時溜出去買英文報看，買日本點心吃，所以在附近的幾條衚衕裡也徘徊過，如今卻又從這裡經過，覺得很有意思。我利用來東城的機會，時常照顧的是八寶衚衕的青林堂日本點心鋪，東單的祥泰義食料鋪，買些法國的蒲桃酒和苦艾酒等。傍晚下課回來，一直要走一個多鐘頭，路實在長得可以，而且下午功課要四點半鐘才了，冬天到了家裡要六點鐘了，天色已經昏黑，頗有披星帶月之慼，幸而幾年之後學校就搬了家，又是另外一種情形了。

燕京大學的新校址在西郊篗門橋地方，據說是明朝米家的花園叫做勺園，不過木石均已無復存留，只有進門後的一座石橋，大概還是舊物吧。現在已改為北京大學，建築已很有增加，但是大體上似乎還無什麼改變。往海甸去的道程已有許多不同吧，就當時的狀態來說，有民國十五年（一九二六）十月三十日所寫的一封通訊，登在《語絲》上面，題曰「郊外」，可以看見其時北京的一點情形，今抄錄於下：

「燕大開學已有月餘，我每星期須出城兩天，海甸這一條路已經有點走熟了。假定上午八時出門，行程如下，即十五分高亮橋，五分慈獻寺，十分白祥庵南村，十分葉赫那拉氏墳，五分黃莊，十五分海甸北篗門橋到。今年北京的秋天特別好，在郊外的秋色更是好看，我在寒風中坐在洋車上遠望鼻煙色的西山，近看樹林後的古廟以及河邊一帶微黃的草木，不覺過了二三十分的時光。最可喜的是大柳樹南村與白祥庵南村之間的一段S字形的馬路，望去真與畫圖相似，總是看不厭。不過這只是說那空曠沒有人煙的地方，若是市街，例如西直門外或海甸鎮，那是很不愉快的，其中以海甸為尤甚，道路破壞汙穢，兩旁溝內滿是垃圾以及居民所傾倒出來的煤球灰，全是一副沒人管理的地方的景象。街上三三五五遇見灰色的人們，學校或商店的門口常貼著一條紅紙，寫著什麼團營連等字樣。這種情形以我初出城時為最甚，現在似乎少好一點了，但是還未全去。我每經過總感到一種不愉快，覺得這是占領地的樣子，不像是在自己的本國走路，我沒有親見過，但常常冥想歐戰時比利時等處或者是這個景象吧。海甸的蓮花白酒是頗有名的，我曾經買過一瓶，價貴而味仍不甚佳，我不喜歡喝它。我總覺得勃蘭地最好，但是近來有什麼機制酒稅，價錢大漲，很有點買不起了。——城外路上還有一件討厭的東西，便是那紙煙的大招牌。我並不一定反對吸紙煙，就是豎招牌也未始不可，只要弄得好看一點，至少也要不醜陋，而那些招牌偏偏都是醜陋的。把這些粗惡的招牌立在占領地似的地方，倒也是極適合的罷？」

那時候正是「三一八」之年，這時馮玉祥的國民軍退守南口，張作霖的奉軍和直魯軍進占北京，上面所說便是其時的情形，也就是上文說過的履霜堅冰至的時期了。

我在燕京前後十年，以我的經驗來說，似乎在盔甲廠的五年比較更有意思。從全體說起來，自然是到海甸以後，校舍裝置功課教員各方面都有改進，一切有個大學的規模了，但我覺得有點散漫，還不如先前簡陋的時期，什麼都要緊張認真，學生和教員的關係也更為密切。我覺得在燕大初期所認識的學生中間有好些不能忘記的，過於北大出身的人，而這些人又不是怎麼有名的，現在姑且舉出一個已經身故的人出來，這人便是畫家司徒喬。他在民國十四年六月擬開一次展覽會，叫我寫篇介紹，我是不懂畫和詩的，但是寫了一篇《司徒喬所作畫展覽會的小引》在報上發表了，其詞曰：

「司徒君是燕京大學的學生。他性喜作畫，據他的朋友說，他作畫比吃飯還要緊。他自己說，他所以這樣的畫，自有他不得不畫的苦衷，這便因為他不能閉著眼睛走路。我們在路上看見了什麼，回來就想對朋友說說，他也就忍不住要把它畫出來。我是全然不懂畫的，但他作畫的這動機我覺得還能了解，因為這與我們寫文章是一致的。司徒君畫裡的人物大抵是些乞丐，驢夫和老頭子，這是因為他眼中的北京是這樣，雖然北京此外或者還有別的好東西，大家以為好的物與人。有一天，我到他宿舍裡去，看見他正在作畫，大乞丐小乞丐並排著坐在他的床沿上，——大的是瞎了眼的，但聽見了聲音，趕緊站了起來。我真感覺不安，擾亂了他們正經工作。我又見到一張畫好了的老頭兒的頭部，據說也是一個什麼衕衕的老乞丐，在他的皺紋和鬚髮裡真彷彿藏著四千年的苦辛的歷史。我是美術的門外漢，不知道司徒君的畫的好壞，只覺得他這種作畫的態度是很可佩服的。現在他將於某日在帝王廟展覽他的繪畫，我很願意寫幾句話做個介紹，至於藝術上的成就如何，屆時自有識者的批判，恕我不能贊一辭了。」

那時他的宿舍也就是在盔甲廠附近的一間簡陋的民房，後來在西郊建起新的齋舍，十分整齊考究，可是沒有那一種自由，他也沒有在那裡念書了。民國廿三年（一九三四）他外遊歸來，回到北京來看我，給我用炭畫素描畫了一幅小像，作我五十歲的紀念，這幅畫至今儲存，掛在舊苦雨齋的西牆上，我在燕大教書十年，得到這一幅畫作紀念，這實在是十分可喜的事情了。

女子學院

我剛寫下了上邊這個題目，心裡不禁苦笑道：又是女學校！我幾乎懷疑自己是相信那不可知的運命的，特別是所謂華蓋運，吾鄉老百姓則讀如「鑊蓋」，謂像鍋蓋似的蓋在頭上，無從擺脫，這又多少近於日本相法上的所謂女難，則是說為了女人的緣故而受到災禍。運命是不可能有的，但是偶爾的遭逢，以後便糾纏不了，雖然不是戀愛的關係，拖在裡邊總是很不愉快的。當初在女高師當講師，因為同情學生反對婆婆式的女校長，略加援助，可是做到校長可以更換，卻沒有法子保證別人不謀繼任，結果只可任其演變，後來主要的人們都走開了，落得留京的一兩個人擔起女師大的牌子，和任可澄林素園相周旋，被他們叫一通共產黨，趕出門來了事。日前與徐耀辰君談到那時的事，還是覺得很可發笑的。多管女學校的事，結果要被人家利用為自費的打手的，很好的經驗擺在眼前，卻又要重蹈覆轍，這如不是成心自找麻煩，不能不說是命該如此了。可是這一回的事卻與女師大無關，倒是從和它反對的方面來的，因為女子學院乃是後來改定的名稱，它的前身實在即是章士釗任可澄在女師大的廢墟上辦起來的那個女子大學。

蔣介石的北伐成功了，南北統一，但是這個革命政府事實上已投降了帝國主義了，願意在上海近旁建立南京政府，不想往北方來，並且為的表示正統關係，取消北京字面，改地名為北平，這北平本是「古已有之」的地名，未始不可以用，但是他們的用意乃是北方安寧，這就不大好了。北京舊有的學校也經過了一番改組，將幾個大學專科一總組成一個北平大學，校長大概仍是蔡子民，易培基似乎已經沒有辦女學校的興趣，因為那時已經做了故宮博物館館長了，大學各學院長乃由李石曾派下的國民黨新貴來擔任。經利彬做了理學院長，張鳳舉做了文學院長，但是他們卻不能一帆風順的到任，因為政府取消了北京大學的名義，北大出身的人都很反對，而且有些人在國民黨政府裡頗有勢力，所以這種氣勢是不可以輕視的。因此北京男女師大以及農工各專科已經次第開學，北大的文理兩院拒絕新院長去接收，一直僵持著，院長不能到院倒也罷了，中間卻有第三者也吃了虧，這便是預備著歸併到北大文理兩院裡去的舊女子大學學生了。因為當初有歷史的關係，既然不能把她們並在女師大，只得將她們分為文理兩組，併合在北大裡邊去，現在北大不能開學，所以她們也連帶的擱了淺。新院長聘定劉半農為國文系主任，溫源寧為英文系主任，（餘從略）預備先辦文學院分院，給她們上課，校址設在西城根的眾議院舊址，但是劉半農辭不肯就，因為他是反對取消北大的，所以他的意思我也贊同，不過為的早點創辦分院，張鳳舉和我商量，叫我代理半農的主任職務，安排功課，我就答應了。隨後半農給我打電話來，說女子大學是我們所一向反對的，怎麼給她們去當主任，責備我不應該去，我當即答覆他，從前雖然女子大學可是現在改組了，我們去接收過來，為什麼去不得，我還勸他自己去，可是他還是不同意，但是沒得話說了，後來他究竟去做了女子學院的院長，可見並不固執原來的意見了。這個機關起頭叫做文理分院，裡邊兩個院主任，分治其事，隨後在儲存北京大學後，作為北平大學女子學院，又改為女子文理學院，但那時我卻已早不在那裡了。

文理分院的開設是在眾議院舊址，那就是後來法學院的第一院，可能是一時借用的，可是法學院一再要求歸還，因為難找到適宜地方，遷延下來到了第二年春天，那即是民國十八年（一九二九）也就是五四的十年後了，法學院終於打了進來，武力接收了校址，教員們也連帶的被拘了小半天，給我有寫一篇愉快的散文的機會，而學校卻因禍得福，將破爛的眾議院換得了一座華麗的九爺府，本是前清的舊王府，後為楊宇霆所得，女子學院由楊家以廉價租來的，至今巋然在朝陽門大街的北邊，是科學院的一所辦公地址。擔任過女子學院院長的有經利彬，劉半農，沈尹默，那是以北平大學校長兼任的，最後是許壽裳，隨後這學校即就沒有了。

在女子學院被囚記

這就是我所做的所謂愉快的散文，是記述民國十八年四月十九日法學院學生襲擊女子學院的事的，因為記的頗是詳細，便將原文抄錄於下：

「四月十九日下午三時我到國立北平大學女子學院（前文理分院）去上課，到三點四十五分時分忽然聽見樓下一片叫打聲，同學們都驚慌起來，說法學院學生打進來了。我夾起書包，書包外面還有一本新從郵局取來的Lawall的《藥學四千年史》，到樓下來一看，只見滿院都是法學院學生，兩張大白旗，（後來看見上書『國立北京法政大學』）進來之後又拿往大門外去插，一群男生扭打著一個校警，另外有一個本院女生上去打鐘，也被一群男生所打。大約在這時候，校內電話線被剪斷，大門也已關閉了，另外有一個法學院學生在門的東偏架了梯子，爬在牆上瞭望，灘江湖上所謂把風的勾當。我見課已上不成，便預備出校去，走到門口，被幾個法學院男生擋住，說不准出去。我問為什麼，他們答說沒有什麼不什麼，總之是不准走。我對他們說，我同諸君辯論，要求放出，乃是看得起諸君的緣故，因為諸君是法學院的學生，是懂法律的。他們愈聚愈多，總有三四十人左右，都嚷說不准走，亂推亂拉，說你不用多說廢話，我們不同你講什麼法，說什麼理。我聽了倒安了心，對他們說道，那麼我就不走，既然你們宣告是不講法不講理的，我就是被拘被打，也絕不說第二句話。於是我便從這班法學院學生叢中擠了出來，退回院內。

我坐在院子裡東北方面的鐵柵欄上，心裡納悶，推求法學院學生不准我出去的緣故。在我凡庸遲鈍的腦子裡，費了二三十分鐘的思索，才得到一線光明：我將關門，剪電話，把風這幾件事連起來想，覺得這很有普通搶劫時的神氣，因此推想法學院學生拘禁我們，為的是怕我們出去到區上去報案。是的，這倒也是情有可原的，假如一面把風，剪電話，一面又放事主方面的人出去，這豈不是天下第一等的笨賊的行為麼？

但是他們的策略似乎不久又改變了。大約法學院學生在打進女子學院來之後，已在平津衛戍總司令部，北平警備司令部，北平市公安局都備了案，不必再怕人去告狀，於是我們教員由事主一變而為證人，其義務是在於簽名證明法學院學生之打進來得非常文明了。被拘禁的教員就我所認識，連我在內就有十一人，其中有一位唐太太，因家有嬰孩須得餵奶，到了五時半還不能出去，很是著急，便去找法學院學生要求放出。他們答說，留你們在這裡，是要你們會同大學辦公處人員簽字證明我們文明接收，故須等辦公處有人來共同證明後才得出去。我真詫異，我有什麼能夠證明，除了我自己同了十位同事被拘禁這一件事以外？自然，法學院男生打校警，打女子學院學生，也是我這兩隻眼睛所看見，——喔，幾乎忘記，還有一個法學院男生被打，這我也可以證明，因為我是在場親見的。我親見有一個身穿馬褂，頭戴瓜皮小帽，左手挾一大堆講義之類的法學院學生，嘴裡咕嚕著，向關著的大門走去，許多法學院男生追去，叫罵喊打，結果是那一個人陷入重圍，見西邊一個拳頭落在瓜皮帽的上頭，東邊一隻手落在瓜皮帽的旁邊，未幾乃見此君已無瓜皮帽在頭上，仍穿馬褂挾講義，飛奔的逃進辦公的樓下，後面追著許多人，走近台階而馬褂已為一人所扯住，遂蜂擁入北邊的樓下，截至我被放免為止，不復見此君的蹤影。後來閱報知系法學院三年級生，因事自相衝突，幾至動武云。我在這裡可以負責宣告，原文幾至二字絕對錯誤，事實是大動其武，我係親見，願為證明，即簽名蓋印，或再畫押，加蓋指紋亦可，如必要時須舉手宣誓，亦無不可也。

且說法學院學生不准唐太太出去，不久卻又有人來說，如有特別事故，亦可放出，但必須在證明書上簽名，否則不准。唐太太不肯簽名，該事遂又停頓。隨後法學院學生又來勸諭我們，如肯簽字即可出去，據我所知，沈士遠先生和我都接到這種勸諭，但是我們也不答應。法學院學生很生了氣，大聲說他們不願出去便讓他們在這裡，連笑帶罵，不過這都不足計較，無須詳記。那時已是六時，大風忽起，灰土飛揚，天氣驟冷，我們立在院中西偏樹下，直至六時半以後始得法學院學生命令放免，最初說只許單身出去，車仍扣留，過了好久才准洋車同去，但這只以教員為限，至於職員仍一律拘禁不放。其時一同出來者為沈士遠陳逵俞平伯沈步洲楊伯琴胡浚濟王仁輔和我一共八人，此外尚有唐趙麗蓮郝高梓二女士及溥侗君當時未見，或者出來較遲一步，女子學院全體學生則均鵠立東邊講堂外廊下，我臨走時所見情形如此。

我回家時已是七點半左右。我這回在女子學院被法學院學生所拘禁，歷時三點多鐘之久，在我不會太覺得詫異，恐慌，或是憤慨。我在北京住了十三年，所經的危險已不止一次，這回至少已經要算是第五次，差不多有點習慣了。第一次是民國六年張勳復闢，在內城大放槍炮，我頗恐慌，第二次民國八年六三事件，我在警察廳前幾乎被馬隊所踏死，我很憤慨，在《前門遇馬隊記》中大發牢騷，有馬是無知畜生，但馬上還有人，不知為甚這樣胡為之語。以後遇見章士釗林素園兩回的驅逐，我簡直看慣了，劉哲林修竹時代我便學了乖，做了隱逸，和京師大學的學生殊途同歸的屈伏了，得免了好些危險。現在在國立北平大學法學院學生手裡吃了虧，算來是第五次了，還值得什麼大驚小怪？我於法學院學生毫無責難的意思，他們在門口對我宣告是不講法不講理的，這豈不是比鄭重道歉還要切實，此外我還能要求什麼呢？但是對於大學當局，卻不能就這樣就輕輕的放過，結果由我與陳沈俞三君致函北平大學副校長質問有無辦法，能否保障教員以後不被拘禁，不過我知道這也只是這邊的一種空的表示罷了，當局理不理又誰能知道，就是答覆也還不是一句空話麼？

開啟天窗說亮話，這回我的被囚實在是咎由自取，不大能怪別人。誠如鼎鼎大名的毛校長所說，法學院學生要打進女子學院去，報上早已發表，難道你們不知道麼？是的，知道原是知道的，而且報上也不止登過一二回了，但是說來慚愧，我雖有世故老人之稱，實在有許多地方還是太老實，換句話說就是太蠢笨。我聽說法學院學生要打進來，而還要到女子學院去上課，以致自投羅網，這就因為是我太老實，錯信託了教育與法律。當初我也躊躇，有點不大敢去，怕被打在裡邊，可是轉側一想，真可笑，怕什麼？法學院學生不是大學生而又是學法律的麼？怕他們真會打進來，這簡直是侮辱他們！即使是房客不付租金，房東要收回住屋，也只好請法院派法警去勒令遷讓，房東自己斷不能率領子侄加僱棒手直打進去的，這在我們不懂法律的人也還知道，何況他們現學法律，將來要做法官的法學院學生，哪裡會做出這樣的勾當來呢？即使退一百步說，他們說不定真會打進來，但是在北平不是還有維持治安保護人民的軍警當局麼？不要說現今是暗地戒嚴，即在平時，如有人被私人拘禁或是被打了，軍警當局必定出來干涉，絕不會坐視不救的。那麼，去上課有什麼危險，誰要怕是自己糊塗。我根據了這樣的妄想，貿貿然往女子學院去上課，結果是怎樣？法學院學生宣告不講法不講理，這在第一點上證明我是愚蠢，但我還有第二點的希望。我看法學院學生忙於剪電話，忙於把風，覺得似乎下文該有官兵浩浩蕩蕩的奔來，為我們解圍，因此還是樂觀。然而不然。我們僥天之悻已經放出，而一日二日以至多少日，軍警當局聽說是不管。不能管呢，不肯管呢，為什麼不，這些問題都非我所能知，總之這已十足證明我在第二點上同樣的是愚蠢了。愚蠢，愚蠢，三個愚蠢，其自投羅網而被拘禁也豈不宜哉。雖然，拘禁固是我的愚蠢之懲罰，但亦可為我的愚蠢之藥劑。我得了這個經驗，明白的知道我自己的愚蠢，以後當努力廓清我心中種種虛偽的妄想，糾正對於教育與法律的迷信，清楚的認識中國人的真相，這是頗有意義，很值得做的一件事，一點兒代價算不得什麼。我在這裡便引了《前門遇馬隊記》的末句作結：

『可是我絕不悔此一行，因為這一回所得的教訓與覺悟比所受的侮辱更大。』

中華民國十八年四月二十四日，於北平。」

這是被囚以後的第六天所寫，在這幾天裡頭我們幾個人分班去找北平的軍政要人，有人專找商震，我則同三四個人專門訪北平大學，問有什麼解決辦法。那時是北平大學總管華北教育，任這重要職責的是北平大學副校長李書華，我們著實不客氣的追問他，特別是沈士遠，他說沒有辦法，便質問既然沒有辦法管，那麼為什麼不辭職呢？這樣的逼他，卻終於沒有逼出一句負責的話來，我那時的印象便是十足的泥塑木雕，這大概也是一種官僚氣，不過是屬於消極的一方面就是了。有時候乘夜去訪問他，客人種種責難，主人還是必恭必敬的陪著，直至深夜並無倦容，覺得實在無法可想，這其時新校舍漸有著落，所以還是我們方面知難而退，不敢再去找他們了。不過老實的說，這北伐成功後的教育家給我們的印象實在是不大好，正如法學院學生所給的印象不大好是一樣。

北伐成功

北伐成功是近年的一件大事，中國南北總算統一了，但這只是從表面上看的話，若是在事實上卻是給人民帶來很大的災難，因為這乃是蔣介石專政的起頭，猶如辛亥革命之於袁世凱，民六打倒復闢之於段祺瑞一樣，事情很好可是結果卻是很壞的。在北伐還只有一半勝利的時候，就來了一個凶殘的清黨，就給予人以不祥的印象，唯北方的人民久已厭棄北洋政府，猶以為彼善於此，表示歡迎，然識者早知其不能久長了。我的朋友裡邊，馬隅卿因為身任孔德校務，直接受到壓迫，故盼望尤切，在北京為第一個豎起青天白日旗來的學校，其老兄幼漁人很老實，乃私下對友人說，下回繼北洋派而倒楣的便是國民黨了。這一看好像是知識階級常有的歷史循環觀，所謂盛極必衰的道理，其實是不盡然，是從他反動的開頭就可以知道了。那時我做了一篇《國慶日頌》，也表示差不多的意思的：

「第十七回的中華民國國慶日到來了，我們應該怎樣祝賀它，頌禱它才好呢？

以前的國慶日是怎麼的過去的呢？恕我記性不好，有點記不明白了，勉強只記得近兩年的事，現在記錄出來，以資比較。

十五年十月十日我做過一篇小文，題曰『國慶日』，是通訊的形式，文曰：

『子威兄：今日是國慶日。但是我一點都不覺得像國慶，除了這幾張破爛的五色旗。旗的顏色本來不好，市民又用雜色的布頭來一縫，紅黃藍大都不是正色，而且無論阿貓阿狗有什麼事，北京人就奉命亂掛國旗，不成個樣子，弄得愈掛國旗愈覺得難看，令人不愉快。其實，北京人如不掛旗，或者倒還像一點也未可知。

去年今日是故宮博物院開放，我記得是同你和徐君去瞻仰的。今年聽說不開放了，而開放了歷史博物館。這倒也很妙的。歷史博物館是在午門樓上，我們平民平常是上不去的，這回開放拿來作十五年國慶的點綴，可以說是唯一適宜的小點綴吧。但是我卻終於沒有去。

國慶日的好處是可以放一天假，今年卻不湊巧正是禮拜日，糟糕糟糕。』

十六年國慶日我也寫有一篇《雙十節的感想》，登在《語絲》第一五四期上，可是這期《語絲》就禁止了，在北京不曾得見天日。那一天我同徐君往中央公園去看光社展覽會，見了兩件特別的事情，所以發生了一點感想。這事情是什麼呢？一件是公園門口有許多奉軍三四方面軍團宣傳部員，洋裝先生和剪髮女士，分發各種白話傳單，一件是許多便服偵探在端門外聚集野餐。這當時使我大吃一驚。一面深感在中國生存之不易，到處要受到監伺，危機四伏，既將睹書坊夥計而心驚，亦復遇煤鋪掌櫃而膽顫，令人有在火山上之感焉。一面我又有點樂觀，覺得這宣傳部員很有一番新氣象，北方的禁白話禁剪髮的復古的反動大約只是舊派的行為，不見得會長久行下去。這樣荏苒的一年過去，恐慌也有時似乎不恐慌，樂觀也有時似乎不樂觀，於是到了民國十七年的國慶日了。

今年的國慶日是在青天白日旗裡過的了，這自然就很夠可喜了。即使沒有政治的意義，我也反對那不好看的五色旗，雖然因此受到國家主義者的怨恨也並不反悔。現在這張旗換掉了，而且北海橋上的高牆也已拆去，這就儘夠使我喜歡了，我已經獲得了一個不曾有過的好的國慶日，此外哪敢還有什麼別的奢望呢。我為表示我的真誠，將於是日正午敬乾一杯白干，以賀民國十七年的國慶日，並以憑弔十七年前的今日武昌死難的諸烈士之靈。

然而，這國慶日又即是國府九十八次會議決定明令規定的孔子紀念日，卻是不湊巧之至。從這一邊看固然是少放假一天的損失，從那一邊看又可以說是復古的反動之吉兆。正如三四年前遠遠的聽東北方面的讀經的聲浪，不免有戒心一樣，現在也彷彿聽見有相類的風聲起於西南或東南，不能不使人有『杞天之慮』。禁白話，禁女子剪髮，禁男女同學等等，這絕不是什麼小問題，乃是反動與專制之先聲，從前在奉直魯各省曾實施過，經驗過，大家都還沒有忘記，特別是我們在北平的人。此刻現在，風向轉了，北方剛脫了復古的鞭笞，革命發源的南方卻漸漸起頭來了，這風是自北而南呢，還是仍要由南返北而統一南北呢，我們驚弓之鳥的北方人瞻望南天，實在不禁急殺恐慌殺。

似乎中國現在還是在那一個大時代裡，如《官場現形記》所說的『多磕頭少說話』的時代。今年的國慶日只得就這樣算了，不知道明年的國慶日能否給我們帶來一個好運，使我們有可以少磕一點頭多說幾句話的福氣？」

這篇文章因為題目是「國慶日頌」，所以照例應該有幾句頌禱的話，但是頌禱又照例是空話，不大期望它是能兌現的。上面所說的福氣事實上沒有得到，只獲得了身上的一條溼麻繩，漸漸的抽緊攏來，雖然因為華北不是輦轂之下，抽的不很快，然而末了有名的「憲兵第三團」也終於到來了。我與它有過一回喜劇的接觸，雖然結果是個喜劇，然而當時的虛驚實在是很大的。民國廿三年（一九三四）十一月，我和俞平伯因了燕京同學的介紹，往保定育德中學去講演，講演完了順便往定縣一看平民教育會的情形，因為那時孫伏園在會裡辦公，就在他那裡住了兩夜，下午一點鐘在車站候車，預備回京。在車站上有憲兵第三團一個正裝憲兵在那裡徘徊，這也不足為奇，可是他似乎很注意我們三人——我和俞平伯以及送行的孫伏園。在觀察一會兒之後，他徑來找我問道：「你是從北京來的周先生麼？」我想要來的終於來了，雖然不知道是什麼事情，可是有了麻煩，這趟火車無論如何是來不及的了。便把來保定講演和看平民教育會的事說了，現在就等火車回北京去，閒談了幾句，看他並沒有什麼惡意。正在納罕，他又笑說，本來也不知道，因為看見手提包上的名片，所以問一聲，果然是的。據說卓別林有一次在美國旅行，隱姓埋名不讓人家曉得，誰知他所到的地方凡有旅館都知道他是卓別林，這個謎隨後也是在皮箱上的名片那裡解決的。卓別林的笑話或者出於假作也未可知，但是我這一回卻是真實的，而且事後重述可以當作笑話來講，在當時卻實在是大吃一驚，古人云談虎色變，這回不但談到而且還碰著了。

章太炎的北遊

北伐方才告一段落，一二三四集團便搞了起來，這便是專心內戰，沒有意思對付外敵，予敵人以可乘之機，於是本來就瘋狂了的日本軍閥鬧起「九一八」事件來了。隨後是偽滿洲國的成立，接著是長城戰役，國民黨政府始終是退讓主義，譬猶割肉飼狼，欲求得暫時安靜，亦不可得，終至蘆溝橋一役乃一發而不可收拾。計自一九三一年以後前後七年間，無日不在危險之中，唯當時人民亦如燕雀處堂，明知禍至無日，而無處逃避，所以也就遷延的苦住下來。在這期間也有幾件事情可以紀述的，第一件便是章太炎先生的北遊。

北京是太炎舊遊之地，革命成功以後這五六年差不多就在北京過的，一部分時間則被囚禁在龍泉寺裡，但自從洪憲倒後，他復得自由，便回到南方去了。他最初以講學講革命，隨後是談政治，末了回到講學，這北遊的時候似乎是在最後一段落裡，因為再過了四年他就去世了。他談政治的成績最是不好，本來沒有真正的政見，所以很容易受人家的包圍和利用，在民國十六年以浙紳資格與徐伯蓀的兄弟聯名推薦省長，當時我在《革命黨之妻》這篇小文裡稍為加以不敬，後來又看見論大局的電報，主張北方交給張振威，南方交給吳孚威，我就寫了《謝本師》那篇東西，在《語絲》上發表，不免有點大不敬了。但在那文章中，不說振威孚威，卻借了曾文正李文忠字樣來責備他，與實在情形是不相符合的。到得國民黨北伐成功，奠都南京，他也只好隱居蘇州，在錦帆路又開始講學的生活，逮九一八後淞滬戰事突發，覺得南方不甚安定，雖然冀東各縣也一樣的遭到戰火，北京卻還不怎麼動搖，這或者是他北遊的意思，心想來看一看到底是什麼情形的吧。

他的這次北遊大約是在民國廿一年（一九三二）的春天，不知道的確的日子，只是在舊日記裡留有這幾項記載，今照抄於下：

「三月七日晚，夷初招飲辭未去，因知系宴太炎先生，座中有黃侃，未曾會面，今亦不欲見之也。」

「四月十八日，七時往西板橋照幼漁之約，見太炎先生，此外有逷先玄同兼士平伯半農天行適之夢麟，共十一人，十時回家。」

「四月二十日，四時至北大研究所，聽太炎先生講《論語》。六時半至德國飯店，應北大校長之招，為宴太炎先生也，共二十餘人，九時半歸家。」當日講演系太炎所著《廣論語駢枝》，就中擇要講述，因學生多北方人，或不能懂浙語，所以特由錢玄同為翻譯，國語重譯，也是頗有意思的事。

「四月廿二日，下午四時至北大研究所聽太炎先生講，六時半回家。」

「五月十五日，下午天行來，共磨墨以待，托幼漁以汽車迓太炎先生來，玄同逷先兼士平伯亦來，在院中照一相，又乞書條幅一紙，系陶淵明《飲酒》之十八，『子雲性嗜酒』云云也。晚飯用日本料理生魚片等五品，紹興菜三品，外加常饌，十時半仍以汽車由玄同送太炎先生回去。」

太炎是什麼時候回南邊去的，我不曾知道，大約總在冬天以前吧。接著便是刊刻《章氏叢書續編》的商量，這事在什麼時候由何人發起，我也全不知道，只是聽見玄同說，由在北平的舊日學生出資，交吳檢齋總其成，付文瑞齋刻木，便這樣決定了。廿二年的日記裡有這一條云：

「六月七日下午，四時半往孟鄰處，於永滋張申府王令之幼漁川島均來，會談守常子女教養事。六時半返，玄同來談，交予太炎先生刻《續編》資一百元，十時半去。」因為出資的關係，在書後面得刊載弟子某人覆校字樣，但實際上的校勘則已由錢吳二公辦了去了。後來全書刊成，各人分得了藍印墨印的各二部，不過早已散失，只記得七種分訂四冊，有幾部卷首特別有玻璃板的著者照相，仍是笑嘻嘻的口含紙煙，煙氣還彷彿可見。此書刻板原議贈送蘇州國學講習會的，不知怎樣一來，不曾實行，只存在油房衚衕的吳君，印刷發兌。後來聽說蘇州方面因為沒有印板，還擬重新排印行世，不久戰禍勃發，這事也就擱置，連北京這副精刻的木板也弄得不知下落了。

當時因為刊刻《續編》的緣故，一時頗有復古或是好名的批評，其實刊行國學這類的書要說好古多少是難免的，至於好名那恐怕是出於誤會了。在這事以前，蘇州方面印了一種同門錄，羅列了些人名，批評者便以為這是想攀龍附鳳者的所為，及至經過調查，才知道中國所常有的所謂事出有因查無實據了。恰巧手頭有一封錢玄同的來信，說及此事，便照錄於下，不過他的信照例是喜講笑話的，有些句子須要說明，未免累墜一點：

「此外該老闆（指吳檢齋因其家開吳隆泰茶葉莊）在老夫子那邊攜歸一張『點鬼簿』（即上邊所說的同門錄），大名赫然在焉，但並無魯迅許壽裳錢均甫朱蓬仙諸人，且並無其大姑爺（指龔未生），甚至無國學講習會之發祥人董修武董鴻詩，則無任叔永與黃子通，更無足怪矣。該老闆面詢老夫子，去取是否有義？答云，絕無，但憑記憶所及耳。然則此《春秋》者，斷爛朝報而已，無微言大義也。廿一，七，四。」

民國廿五年（一九三六）太炎去世了，我寫了一篇文章紀念他，講他學梵文的事。梵文他終於沒有學成，但他在這裡顯示出來，同樣的使人佩服的熱誠與決心，以及近於滑稽的老實與執意。他學梵文並不專會得讀佛教書，乃是來讀吠檀多派，而且末了去求救於正統護法的楊仁山，結果只得來一場的申飭。這來往信札見於楊仁山的《等不等觀雜錄》卷八，時間大概在己酉（一九〇九）夏天，《太炎文錄》中不收，所以是頗有價值的。我的結論是太炎講學是儒佛兼收，佛裡邊也兼收婆羅門，這種精神最為可貴：

「太炎先生以樸學大師兼治佛法，又以依自不依他為標準，故推重法華與禪宗，而淨土祕密二宗獨所不取，此即與普通訊徒大異，宜其與楊仁山輩格格不相入。且先生不但承認佛教出於婆羅門正宗，又欲翻讀吠檀多奧義書，中年以後發心學習梵天語，不辭以外道為師，此種博大精進的精神，實為凡人所不能及，足為後學之模範者也。」

打油詩

「二十三年一月十三日偶作牛山體」，這是我那時所做的打油詩的題目，我說牛山體乃是指志明和尚的《牛山四十屁》，因為他做的是七言絕句，與寒山的五古不同，所以這樣說了。這是七言律詩，實在又與牛山原作不一樣，姑且當作打油詩的別名。過了兩天，又用原韻做了一首，那時林語堂正在上海編刊《人間世》半月刊，我便抄了寄給他看，他給我加了一個「知堂五十自壽詩」的題目，在報上登了出來，其實本來不是什麼自壽，也並沒有自壽的意思的。原詩照錄於下：

其一

前世出家今在家，不將袍子換袈裟。
街頭終日聽談鬼，窗下通年學畫蛇。
老去無端玩骨董，閒來隨分種胡麻。
旁人若問其中意，且到寒齋吃苦茶。

其二

半是儒家半釋家，光頭更不著袈裟。
中年意趣窗前草，外道生涯洞裡蛇。
徒羨低頭咬大蒜，未妨拍桌拾芝麻。
談狐說鬼尋常事，只欠工夫吃講茶。

發表以後得到許多和詩，熟朋友都是直接寄來，其他就只是在報上讀到罷了。恰好存有原稿的有錢玄同和蔡孑民的兩份，今抄錄如下，以為紀念。玄同和作云：

但樂無家不出家，不皈佛教沒袈裟。
腐心桐選誅邪鬼，切齒綱倫打毒蛇。
讀史敢言無舜禹，談音尚欲析遮麻。
寒宵凜冽懷三友，蜜桔酥糖普洱茶。

後附說明云：「也是自嘲，也用苦茶原韻，西望牛山，距離尚遠。無能子未定草，廿三年一月廿二日，就是癸酉臘八。」另有信云：「苦茶上人：我也謅了五十六個字的自嘲，火氣太大，不像詩而像標語，真要叫人齒冷。第六句只是湊韻而已，並非真有不敬之意，合併宣告。癸酉臘八，無能。」這裡所謂不敬，是有出典的，因為平常談到國語的音韻問題我總說不懂，好像是美術上的「未來派」，詩中乃說尚欲析遮麻，似乎大有抬槓的意味了。

蔡子民的和詩彷彿記得是從別處寄來的，總之不是在北京，原信也未儲存，而且原來有沒有信也不記得了。

其一

何分袍子與袈裟，天下原來是一家。
不管乘軒緣好鶴，休因惹草卻驚蛇。
捫心得失勤拈豆，入市婆娑懶績麻。（君已到廠甸數次矣。）
園地仍歸君自己，可能親掇雨前茶。（君曾著《自己的園地》。）

其二

廠甸攤頭賣餅家，（君在廠甸購戴子高《論語注》。）肯將儒服換袈裟。
賞音莫泥驪黃馬，佐鬥寧參內外蛇。
好祝南山壽維石，誰歌北虜亂如麻。
春秋自有太平世，且咬饃饃且品茶。

此外還有一首，題云「新年用知堂老人自壽韻」，是詠故鄉新年景物的，亦復別有風趣，今並錄於此：

新年兒女便當家，不讓沙彌架了裟。（吾鄉小孩子留髮一圈而剃其中邊者，謂之沙彌。《癸巳類稿》三，《精其神》一條引經了筵陣了亡等語，謂此自一種文理。）

鬼臉遮顏徒嚇狗，龍燈畫足似添蛇。

六麼輪擲思贏豆，（吾鄉小孩子選炒蠶豆六枚，於一面去殼少許，謂之黃，其完好一面謂之黑，二人以上輪擲之，黃多者贏，亦仍以豆為籌馬。）數語蟬聯號績麻。（以成語首字與其他末字相同者聯句，如甲說大學之道，乙接說道不遠人，丙接說人之初等，謂之績麻。）

樂事追懷非苦話，容吾一樣吃甜茶。（吾鄉有吃甜茶講苦話之語。）其署名仍是蔡元培，並不用什麼別號，這也是很有意思的事。

《五十自壽詩》在《人間世》上發表之後，便招來許多的批評攻擊，林語堂趕緊寫文章辨護，說什麼寄沉痛於悠閒，這其實是沒有什麼可辯護的，本來是打油詩，乃是不登大雅之堂的東西，挨罵正是當然。批評最為適當的，乃是魯迅的兩封信，在《魯迅書簡》發表以後這才看見，是四五月間寄給曹聚仁和楊霽雲的，今將給曹聚仁的一封再抄錄一次在這裡，日期是一九三四年四月三十日：

「周作人自壽詩，誠有諷世之意，然此種微詞，已為今之青年所不憭，群公相和則多近於肉麻，於是火上添油，遽成眾矢之的，而不作此等攻擊文字，此外近日亦無可言。此亦古已有之，文人美女必負亡國之責，近似亦有人覺國之將亡，已在卸責於清流或輿論矣。」

那打油詩裡雖然略有諷世之意，其實是不很多的，因為那時對於打油詩使用還不很純熟，不知道寒山體的五言之更能表達，到得十二三年之後這才摸到了一點門路。一九四七年九月在《老虎橋雜詩題記》裡說道：

「在《修褉》一篇中，述南宋山東義民吃人臘往臨安事，有兩句云，猶幸制熏臘，咀嚼化正氣。這可以算是打油詩中之最高境界，自己也覺得彷彿是神來之筆，如用別的韻語形式去寫，便絕不能有此力量，倘想以散文表出之，則又所萬萬不能者也。關於人臘的事，我從前說及了幾回，可是沒有一次能這樣的說得決絕明快，雜詩的本領可以說即在這裡，即此也可以表明它之自有用處了。我前曾說過，平常喜歡和淡的文字思想，有時亦嗜極辛辣的，有掐臂見血的痛感，此即為我喜那『英國狂生』斯威夫德之一理由，上文的發想或者非意識的由其《育嬰芻議》中出來亦未可知，唯索解人殊不易得，昔日魯迅在時最能知此意，今不知尚有何人耳。」

《修禊》是一篇五言的打油詩，凡十六韻，今不嫌冗長，抄錄於後，以資比較，看比自壽詩有沒有多少進步：

「往昔讀野史，常若遇鬼魅。白晝踞心頭，中夜入夢寐。其一因子巷，舊聞尚能記。次有齊魯民，生當靖康際。沿途吃人臘，南渡作忠義。待得到臨安，餘肉存幾塊。哀哉兩腳羊，束身就鼎鼐。猶幸制熏臘，咀嚼化正氣。食人大有福，終究成大器。講學稱賢良，聞達參政議。千年誠旦暮，今古無二致。舊事倘重來，新潮徒欺世。自信實雞肋，不足取一胾。深巷聞狗吠，中心常惴惴。恨非天師徒，未曾習符偈。不然作禹步，撒水修禊事。」

日本管窺

《日本管窺》是我所寫關於日本的比較正式的論文，分作四次發表於當時由王藝生主編的《國聞週報》上頭，頭三篇是在民國廿四年下半年所作，可是第四篇卻老是寫不出，拖了一年多，到得做成刊出，恰巧是逢著七七事件，所以事實上沒有出版。頭三篇意思混亂，純粹是在暗中摸索，考慮了很久，得到一個結論，即此宣告，日本研究小店之關門，事實上這種研究的確與十多年前所說文學小店的關門先後實現了。

我於五四以後就寫些小文章，隨意的亂說，後來覺得「不知為不知」的必要，並且有感於教訓之無用，所以把有些自己不很知道的事情擱過一邊，不敢再去碰它一下，例如文學藝術哲學等，至於中國的事覺得似乎還知道一點，所以仍舊想講，日本則因為多少有點了解，也就包括在知之的一方面了。最初是覺得這不很難寫，而且寫的是多少含有好意的，如《談虎集》捲上起首所收的這幾篇，但是後來不久就發生了變化，日本的支那通與報刊的御用新聞記者的議論有時候有點看不下去，以致引起筆戰，如《談虎集》上的那些對於《順天時報》的言論，自己看了也要奇怪，竟是惡口罵詈了。我寫這幾篇《管窺》，乃是想平心靜氣的來想它一回，比較冷靜的加以批評的，但是當初也沒有好的意見，不過總是想竭力避免感情用事的就是了。

第一篇《管窺》作於廿四年（一九三五）五月，隨後收在《苦茶隨筆》裡邊。這篇文章多是人云亦云的話，沒有什麼值得說的，只是云：

「日本人的愛國平常似只限於對外打仗，此外國家的名譽彷彿不甚愛惜。」後面引《密勒評論》調查戰區一帶販毒情形，計唐山有嗎啡館一百六十處，灤縣一百另四處，古冶二十處，林西四處，昌黎九十四處，秦皇島三十三處，北戴河七處，山海關五十處，豐潤二十三處，遵化九處，餘可類推。說毒化是一種政策，恐怕也不盡然，大約只是容許浪人們多賺一點錢吧，本來國際間不講什麼道德，如英國那樣商業的國家倘若決心以賣雅片為業，便不惜與別國開戰以達目的，日本並不做這生意，何苦來呢。商人賺上十萬百萬，並不怎麼了不得，卻叫人家認為日本人都是賣白麵嗎啡的，這於國家名譽有何好看，豈不是損失麼？其次又引了「五一五」事件，現役軍人殺了首相犬養毅也不嚴辦，其民間主謀的井上日召和尚初判死刑，再審時減等發落，旁聽的人都喜歡得合掌下淚。由此歸結到日本士風之頹廢，所謂武士道的氣風已無復餘留，戶川秋骨所以嘆為現在頂墮落的東西並非在咖啡館進出的遊客，也不是左傾的學生，實在乃是這種胡塗思想的人們耳。雖然有這些譴責的話卻都是浮泛的，不切實際的文句，就全篇看來卻是對於日本仍有好意的。

第二篇《管窺》是六月裡所做，收在第二年出版的《苦竹雜記》中，改名為「日本的衣食住」，因為實際即是介紹日本固有的衣食住，我說固有，因為此乃是明治時代的生活狀態，不是說近時受美國文化的那一種式樣。將日本生活與中國古代及故鄉情形結合說來，似乎反有親近之感，只在末一節裡說道：

「日本與中國在文化的關係上本猶羅馬之與希臘，及今乃成為東方之德法，在今日而談日本的生活，不撒有『國難』的香料，不知有何人要看否，我亦自己懷疑。但是，我仔細思量日本今昔的生活，現在日本『非常時』的行動，我仍明確的明白日本與中國畢竟同是亞細亞人，興衰禍福目前雖是不同，究竟的運命還是一致，亞細亞人豈終將淪於劣種乎，念之惘然。因談衣食住而結論至此，實在乃真是漆黑的宿命論也。」

第三篇《管窺》作於是年十二月，後來收在《風雨談》內，題目仍舊是「日本管窺之三」，因為想不出扼要的別的題目，故仍用原名。這裡覺得講一國的文化，特別是想講它的國民性，單以文學藝術為範圍去尋討它，這是很錯誤的，不然也總是徒勞的事。因為「學術藝文固然是文化的最高代表，而其低的部分在社會上卻很有勢力，少數人的思想雖是合理，而多數人卻也就是實力，所以我們對於文化似乎不能夠單以文人哲士為對象，更得放大範圍才是。」彷彿在這裡找到了一點線索，可是那時抓著的也只是從書本子來的舊話，什麼武士道裡的人情，實在也是希有的傳說，在現代斷乎是無從找到的了。那麼這篇文章也是徒勞的廢話，可以說是失敗的了，但是離開了舊路，有意思去另找線索，似乎是在破承題之下已經寫了「且夫」二字，大有做起講之意了。

第二年民國廿五年（一九三六）裡一直沒有續寫，但是並不是忘記了，因為在這一年裡一總寫了兩篇《談日本文化書》，可見還是在想著問題，只是還沒有著落罷了。我在《談日本文化書（其二）》中說：

「我想一個民族的代表可以有兩種，一是政治軍事方面的所謂英雄，一是藝文學術方面的賢哲。此二者原來都是人生活動的一面，但趨向並不相同，有時常至背馳，所以我們只能分別觀之，不當輕易根據其一以抹殺其二。」後來又說道：

「我們要知道日本這國家在某時期的政治軍事上的行動，那麼像豐臣秀吉伊藤博文這種英雄自然也該注意，因為英雄雖然多非善類，但是他有作惡的能力，做得出事來使世界震動，人類吃大苦頭，歷史改變，不過假如要找出這民族的代表來問問他們的悲歡苦樂，則還該到小衖衕大雜院去找，浮世繪刻印工亦是其一。」我所要找尋的問題到此似乎已有五分光，再過一年也就成功了。

日本管窺續

《日本管窺之四》擱淺了一年有半，於廿六年（一九三七）六月十六日這才寫成，——花了這些時候，究竟想出了什麼結論來了呢？結論是有了，可是不能說好，但是此外也實在沒有什麼好說了。因為答案是一個不字，就是說日本人的國民性我們不能了解，結果是宣布日本研究小店就此關門，卻也十分適當的。這篇文章雖發表出來，可是雜誌就未能發行，也不曾收到文集裡去，直至解放後有一年曹聚仁先生來北京看我，我把解放以前的舊稿給他看，承他攜至香港，於去年春間把《乙酉文編》的第二分印了出來，距原作的年月差不多有二十四個年頭了。

《管窺之四》繼承上面的意思，從別的方面來求解說，那篇文章上有一節云：

「日本對於中國所取的態度本來是很明瞭的，中國稱日帝國主義，日本稱日大陸政策，結果原是一樣東西，再用不著什麼爭論，這裡我覺得可談的只有一點，便是日本為什麼要這樣做。這句話有點不大明白，這問題所在不是目的而是手段，本來對中國的帝國主義不只一個日本，為主義也原可不擇手段，而日本的手段卻特別來得特別，究竟是什麼緣故？我老實說，我不能懂，雖然我找出這個問題來，預備寫這篇文章，結果我只怕就是說明不能懂的理由而已。近幾年來我心中老是懷著一個很大的疑情，即是關於日本民族的矛盾現象的，至今還不能得到解答。日本人愛美，這在文學藝術以及衣食住種種形式上都可看出，不知道為什麼在對中國的行動卻顯得那麼不怕醜。日本人又是很巧的，工藝美術都可作證，行動上卻又是那麼拙，日本人愛潔淨，到處澡堂為別國所無，但行動上又那麼髒，有時候卑劣得叫人噁心。這是天下的大奇事，差不多可以說是奇蹟。我們且具體的舉例來說吧：

其一，藏本失蹤事件。

其二，河北自治請願事件。

其三，成都北海上海汕頭諸事件。

其四，走私事件，日本稱之曰特殊貿易，如此名詞頗有幽默味，但只宜用作江湖上的切口，似乎不是正當國家所可用的名詞吧。

其五，白麵嗎啡事件。

以上諸例都可以做我的證明。假如五十嵐力的話是不錯的，日本民族所喜歡的是明淨直，那麼這些例便即可以證明其對中國的行動都是黑暗汙穢歪曲，總之所表示出來的全是反面。日本人盡有他的好處，對於中國卻總不拿什麼出來，所有隻是惡意，而且又是出乎情理的離奇。這是什麼緣故呢？」

這個我是不能懂，——因為以不知為不知，宗教我是不懂的，而這個緣故便出於宗教。在那篇文章裡我說道：

「我平常這樣想，日本民族與中國有一點很相異，即是宗教信仰，如關於此事我們不能夠懂得若干，那麼這裡便是一個隔閡沒有法子通得過。中國人也有他的信仰，如吾鄉張老相公之出巡，如北平妙峰山之朝頂，我覺得都能了解，雖然自己是神滅論者，卻理會得拜菩薩的信士信女們的意思。我們的信仰彷佛總是功利的，沒有基督教的每飯不忘的感謝，也沒有巫教降神的歌舞，蓋中國的民間信仰雖多是低階而並不熱烈者也。日本便似不然，在他們崇拜儀式中往往顯出神憑或如柳田國男氏所云『神人和融』的狀態，這在中國絕少見，也是不容易了解的事。淺近的例如鄉村神社的出會，神輿中放著神體，卻是不可思議的代表物，如石或木，或不可得見不可見的別物，由十六人以上的壯丁抬著走，而忽輕忽重，忽西忽東，或撞毀人家的門牆，或停在中途不動，如有自由意志似的，輿夫便只如蟹的一爪，非意識的動著。柳田氏在所著《世間與祭禮》第七節中有一段說得很好：

『我幸而本來是個村童，有過在祭日等待神輿過來那種舊時情感的經驗。有時候便聽人說，今年不知怎的御神輿特別的發野呀。這時候便會有這種情形，儀仗已經到了十字路口了，可是神輿老是不見，等到看得見了也並不一定就來，總是左傾右側，抬著的壯丁的光腿忽而變成了Y字，忽而變成X字，又忽而變成W字，還有所謂高舉的，常常盡兩手的高度將神輿高高的舉上去。』這類事情在中國神像出巡的時候是絕沒有的。」這樣說來，日本民族與中國人絕不相同的最特殊的文化是它的宗教信仰，而關於這個我們卻是無從了解的，他們往往感情超過理性，因此如上邊所舉的例都是蠻不講理，有時離奇狂暴近於發瘋。外國有一句格言道，上帝要叫一個人滅亡，必先使他瘋狂。這句話是不錯的，希忒拉和德國的國社黨是如此，日本的軍閥也正是如此滅亡的。

我寫了四篇《日本管窺》，將日本的國民性歸結到宗教上去，而對於宗教自己覺得是沒有緣分，因此無法了解，對於日本事情宣告關門不再說話了。但是此後我卻又寫了一篇，叫做「日本之再認識」，事實上是抄的「刊文」，乃是將《管窺之二》的關於日本衣食住與《之四》的後半接合，便是說從別的方面下手不能夠了解日本，這須得由宗教入門，才可懂得，題云「再認識」即言前此的認識都是錯的。那篇文章是民國廿九年（一九四〇）十二月所作，其時華北已經淪陷，值日本所謂建國二千六百年紀念，特約作文，乃以此敷衍塞責，當時原說有美術品作報酬，經特別交涉，以不受報酬為條件，而所作文章採用與否也不計較，後來經日本國際文化振興會印為單行本，我自己也收在《藥味集》裡邊，於民國三十一年（一九四二）在北京出版。

北大的南遷

九一八以後東北整個淪陷，國民黨政府既決定採用不抵抗主義，儲存實力來打內戰，於是日寇遂漸行蠶食，冀東一帶成為戰區，及至七七之變，遂進占平津了。國民黨政府成竹在胸，軍政機關早已撤離，值錢的文物亦已大部分運走了，所以剩下來的一著就是搬動這幾個大學了。我所在的北京大學是最初遷到湖南長沙，後來又到了雲南昆明，與清華大學組成了聯合大學。北大專任的教職員本應該一同前去，但是也可以有例外，即是老或病，或家累重不能走的，也只得不去。我那時並不算怎麼老，因為那年是五十三歲，但是係累太多，所以便歸入不能走的一邊。當時不記得是在什麼地方開會的，因為那一年的舊日記散失了，所以無從查考，只記得第二次集會是廿六年（一九三七）十一月廿九日，在北池子一帶的孟心史先生家裡，孟先生已經臥病，不能起床，所以在他的客房裡作這一次最後的聚談，可是主人也就不能參加談話了。隨後北大決定將孟心史馬幼漁馮漢叔和我四人算作北大留平教授，每月寄津貼費五十元來，在那一年的年底蔣校長還打一個電報給我，叫我保管在平校產，可是不到兩個月工夫，孟心史終於病逝了。

學校搬走了，個人留了下來，第一須得找得一個立足之處，最初想到的即是譯書。這個須得去找文化基金的編譯委員會，是由胡適之所主持，我們以前也已找過它好幾回了，《現代小說譯叢》和《現代日本小說集》，都是賣給它的，稿費是一千字五元，在那時候是不算很低了。民國廿一年（一九三二）夏天我還和它有一次交涉，將譯成的《希臘擬曲》賣給它，其間因梁實秋翻譯莎士比亞，價值已經提高為千字十元，我也沾了便宜，那一本小冊子便得了四百塊錢。當時我想在北京近郊買一塊墳地，便是用這錢買得的，在西郊板井村，給我的次女若子下了葬，後來侄兒豐三，先母亡妻也都葬在那裡。這是那一本書，使我那時學了預備翻譯四福音書的，卻並沒有用過的希臘文，得有試用的機會，因而得到了這塊墳地，是很可紀念的事。原本系海羅達思的擬曲七篇，後面又添上了諦阿克列多思的牧歌裡類似擬曲的五篇，一總才只是十二篇，而且印本又是小字大本，所以更顯得是戔戔小冊了。因為是描寫社會小景的，所以有地方不免大膽一點，為道學家們所不滿意，容易成為問題。海羅達思擬曲的第六篇《暱談》中便有些犯諱的地方，裡邊女客提出熟皮製成的紅色的「抱朋」，許多西方學者都想諱飾，解作鞋帽或是帶子，但是都與下文有了矛盾，實在乃是中國俗語所謂「角先生」，這我在譯文中給儲存下來了。後來在未發表的筆記中，有一則記之云：

「往年譯《希臘擬曲》，《暱談》篇中有抱朋一語，曾問胡適之君，擬譯作角先生，無違礙否，胡君笑諾，故書中如是寫，而校對者以為是人名，在角字旁加了一直畫，可發笑也。民間雖有此稱，卻不知所本，疑是從明角來，亦未見出處。後讀《林蘭香》小說，見第廿八回中說及此物，且有寄旅散人批註云：『京師有朱姓者，豐其軀幹，美其鬚髯，設肆於東安門之外而貨春藥焉，其角先生之制尤為工妙。聞買之者或老媼或幼尼，以錢之多寡分物之大小，以盒貯錢，置案頭而去，俟主人措辦畢，即自來取，不必更交一言也。』案此說亦曾經得之傳聞，其見諸著錄者殆止此一節乎。《林蘭香》著書年月未詳，餘所見本題道光戊戌刊，然則至今亦總當是百年前事矣。友人蔡谷清君民國初年來北京，聞曾購得一枚，惜蔡君久已下世，無從問詢矣。文人對於猥褻事物，不肯汙筆墨，坐使有許多人生要事無從徵考，至為可惜。

寄旅散人以為遊戲筆墨無妨稍縱，故偶一著筆，卻是大有價值，後世學人皆當感激也。」

因為這個因緣，我便去找編譯委員會商量，其時胡適之當然已經不在北京了，會裡的事由祕書關琪桐代理，關君原是北大出身，從前也有點認識，因此事情說妥了，每月交二萬字，給費二百元，翻譯的書由我自己酌量，我便決定了希臘人著的希臘神話。我老早就有譯這書的意思，一九三四年曾經寫過一篇，後來收在《夜讀抄》裡，便是介紹這阿波羅多洛斯所著的原名叫做「書庫」的希臘神話，如今有機會來翻譯它出來，這實在可以說塞翁失馬的所得來的運氣了。不記得從那年的幾月裡起頭了，總之是已將原書本文譯出，共有十萬多字，在寫註解以前又譯了哈理孫女士的《希臘神話論》，和佛雷則的十五六篇研究，一共也有十萬字左右，回過頭來再寫註解，才寫到第二卷的起頭，這工作又發生了停頓，因為編譯委員會要搬到香港去了。我那些譯稿因此想已連同搬去，它的行蹤也就不可得而知了。但是我與希臘神話的因緣並不就此斷絕了，在解放後我將《伊索寓言》譯出之後，又從頭來搞這神話的翻譯，於一九五一年完成，原稿交給人民文學出版社，只是因為紙張關係，尚未刊行。說起我與神話的因緣真是十二分的奇妙的。英國人勞斯所著的《希臘的神與英雄與人》，是學術與趣味結合的一冊給少年人看的書，我於民國廿四年寫過一篇介紹，後來收在《苦茶隨筆》裡頭，原書則在一九四七年頃譯出，其時浙江五中舊學生蔣志澄在正中書局當主任，由他的好意接受了，但是後來正中書局消滅，這部稿子也就不可問了。第二次的新譯是一九四九年在北京起頭的，它的名字第一次是「希臘的神與人」，第二次的卻是「希臘的神與英雄」，這一回從文化生活出版社刊行，並且印了好幾板，末了還由天津人民出版社印行過一板，但是名字是改為「希臘神話故事」了。一部書先後翻譯過兩次，這在我是初次的經驗，而且居然有了兩次，又湊巧都是希臘神話，這如果不是表示它於我特別有緣，便是由於我的固執的，偏頗的對於希臘神話的愛好了。

編譯委員會既然決然從北京撤退，搬到香港去，從前在那裡寫作的人便發起一個惜別會，在什剎海會賢堂聚餐，我不記得是什麼人發起了，只記得彷彿人很多，一共有兩桌吧，主客當然是關琪桐，主人們裡邊只有王古魯還是沒有忘記，他那時是替他們譯白鳥庫吉的著作。大概這編譯會遷移的事情決定的頗早，是在民國廿七年的上半年，所以我就趕緊作第二步的打算，因為從前曾在燕京大學教過十年的書，想在裡邊謀一個位置，那時燕大與輔仁大學因為是教會大學的關係，日本人不加干涉，中國方面也認為在裡邊任職是與國立的學校沒有什麼不同。我把這意思告知了在燕大擔任國文系主任的郭紹虞君，承他於五月二十日來訪，送來燕大的聘書，名義是「客座教授」，功課四至六小時，待遇按講師論，但增送二十元，以示優異。其後因為決定每星期只去一天，便規定兩種功課各二小時，月薪一百元。日記上有這幾則記事：

「九月十四日，下午豐一帶燕大點名簿來，紹虞約十六日午餐。

十五日，上午九時僱車出城往燕大，上下午各上一班，午在紹虞處飯，吳雷川亦來，三時後出校，四時頃回家，付車伕一元。

十六日，上午十一時往朗潤園，應紹虞之招，共二席，皆國文系教員，司徒雷登吳雷川亦來，下午三時回家。」

這樣的不覺過了四個月，轉瞬又是一年了。我本不會做詩，不知怎的忽然發起詩興來，於十二月廿一日寫了這三首，仍然照例的打油詩，卻似乎正寫得出那時的情緒，其詞云：

禹跡寺前春草生，沈園遺蹟欠分明。偶然拄杖橋頭望，流水斜陽太有情。

禪床溜下無情思，正是沉陰欲雪天。買得一條油炸鬼，惜無白粥下微鹽。

不是淵明乞食時，但稱陀佛省言辭。攜歸白酒私牛肉，醉倒村邊土地祠。

同時在日記上寫道：

「十二月廿三日，下午得李炎華信，系守常次女也，感念存歿，終日不愉。前作詩云，流水斜陽太有情，不能如有財有令譽者之擺脫，正是自討苦吃，但亦不能改耳。」嘗以三詩寫示在上海的匏瓜庵主人（沈尹默），承賜和詩，末一聯云，斜陽流水乾卿事，未免人間太有情。指點得很是不錯，但如我致廢名信中說過，覺得有此悵惘，故對於人世未能恝置，此雖亦是一種苦，目下卻尚不忍即捨去也。

過了十天，便是民國廿八年（一九三九）的元旦了。那天上午大約九點鐘，燕大的舊學生沈啟無來賀年，我剛在西屋客室中同他談話，工役徐田來說有天津中日學院的李姓求見，我一向對於來訪的無不接見，所以便叫請進來。只見一個人進來，沒有看清他的面貌，只說一聲，「你是周先生麼？」便是一手槍。我覺得左腹有點疼痛，卻並不跌倒，那時客人站了起來，說道：「我是客。」這人卻不理他，對他也是一槍，客人應聲僕地。那人從容出門，我也趕緊從北門退歸內室，沈啟無已經起立，也跟了進來。這時候聽見外面槍聲三四響，如放鞭炮相似，原來徐田以前當過偵緝隊的差使，懂得一點方法，在門背後等那人出來時跟在後面，一把將他攔腰抱住，捏槍的手兜在衣袋裡，一面叫人來幫他拿下那凶人的武器。其時因為是陽曆新年，門房裡的人很多，有近地的車伕也來閒談，大家正在忙亂不知所措，不料刺客有一個助手，看他好久不出來，知道事情不妙，便進來協助，開槍數響，那人遂得脫逃，而幫忙的車伕卻有數人受傷，張三傷重即死，小方肩背為槍彈平面所穿過。

受傷的人都送到日華同仁醫院去醫治，小方經過消毒包紮，就算行了，沈啟無彈中左肩，沒有傷著心肺，就只是彈子在裡邊，無法取出，在醫院裡療養了一個月半，創口好了，也就出了院。我的傷一看似乎很是嚴重，據醫生說前年日本首相濱口雄幸在車站被刺，就是這個部位，雖然一時得救，卻終於以此致命。我自己覺得不很痛，以為重傷照例是如此，乃在愛克斯光室裡，醫生卻無論如何總找不著子彈，才知道沒有打進去，這時候檢查傷口，發現肚臍左邊有手掌大的一塊青黑色，只是皮面擦破而已，至於為什麼子彈沒有打進去，誰都不能解說得出來。到了第二天早上起來穿衣服，這才一下子省悟了，因為穿一件對衿的毛線衫，扣扣子到第三顆的時候，手觸到傷處覺得疼痛，這時乃知道是這顆釦子擋住了那子彈，卻也幸虧那時鈕釦穿得偏左了一點，如果在正中的話那也無濟於事。這釦子乃是一種化學製品，並非金屬，卻能有此作用，當日警察檢查現場，在客室地上拾得一顆子彈，系鉛質的已經扁了，上面印有花紋，就是那毛線衣的鈕上的。

這事件的經過已經約略敘說過了，現在便是想一問詢這位暴客的來訪的意義與其來源了。這案始終未破，來源當然無從知悉，但這也可以用常識推理而知的。日本軍警方面固然是竭力推給國民黨的特務，但是事實上還是他們自己搞的，這有好幾方面的證據。第一，日本憲兵在這案件上對於被害者從頭就取一種很有惡意的態度。一日下午我剛從醫院裡回家，就有兩個憲兵來傳我到憲兵隊問話，這就是設在漢花園的北京大學第一院的，當時在地下室的一間屋子裡，仔細盤問了有兩個鐘頭，以為可能國民黨認為黨員動搖，因而下手亦未可知。以後一個月裡總要來訪問一兩次，說是聯絡，後來有一次大言治安良好，種種暗殺案件悉已破獲，我便笑問，那麼我的這一件呢？他急應道，也快了。但自此以後，便不再來訪問了。

第二，刺客有兩個，坐汽車來到後面的衚衕，顯然是大規模的。但奇怪的是，到家裡來找我，卻不在我到海甸去的路上，那是有一定的日子和時刻的，在那路上等我可以萬無一失，也不必用兩個人，一個就儘夠用了。民國十五年燕大初搬到海甸的時候，我曾在一篇文章裡說過上學校去的行程道：

「假定上午八時出門，行程如下，即十五分高亮橋，五分慈獻寺，十分白祥庵南村，十分葉赫那拉氏墳，五分黃莊，十五分海甸篗鬥橋到。」現在卻是大舉的找上門來，不用簡單直捷的辦法，豈不是為避免目標，免得人聯想到燕大去的事情麼？這安排得很巧，但也因此顯露出拙來了。我到燕大去當了客座教授，就可以謝絕一切別的學校的邀請，這件事情第一觸怒了誰，這是十分顯而易見的事情。

僥倖那一天槍彈打在毛線衣的扣子上，也僥倖那刺客並未打第二槍，所以我得以拾得這一條性命。在一月八日又做了兩首打油詩，以為紀念：

橙皮權當屠蘇酒，贏得衰顏一霎紅。我醉欲眠眠未得，兒啼婦語鬧哄哄。

但思忍過事堪喜，回首冤親一惘然。飽吃苦茶辨餘味，代言覓得杜樊川。

忍過事堪喜系杜枚之句，偶從《困學紀聞》中見到，覺得很有意思。我從前喜言苦茶，其實是不懂喫茶，甚為世所詬病，今又說及苦茶，不過漸有現實的意味了。

從不說話到說話

民國廿六年（一九三七）七月以後，華北淪陷於日寇，在那地方的人民處於俘虜的地位，既然非在北京苦住不可，只好隱忍的勉強過活，頭兩年如上兩章所說的總算借了翻譯與教書混過去了。但到了廿八年元旦來了刺客，雖然沒有被損害著，警察局卻派了三名偵緝隊來住在家裡，外出也總跟著一個人，所以連出門的自由也剝奪了，不能再去上課。這時湯爾和在臨時政府當教育部長，便送來一個北京大學圖書館長的聘書，後來改為文學院院長，這是我在偽組織任職的起頭。我還是終日住在家裡，領著乾薪，圖書館的事由北大祕書長代我辦理，後來文學院則由學院祕書代理，我只是一星期偶然去看一下罷了。不過這些在敵偽時期所做的事，我不想這裡來寫，因為這些事本是人所共知，若是由我來記述，難免有近似辯解的文句，但是我是主張不辯解主義的，所以覺得不很合適。

古來許多名人都曾寫過那些名稱懺悔錄，自敘傳或是回憶的文章，裡邊多是虛實淆混，例如盧梭，託爾斯多，折里尼，歌德都是如此。那是藝術作品，所以它的價值並不全在事情的真實方面，因為讀者並不是當歷史去看，只把它當作著者以自己生活為材料的抒情散文去讀，這也是很有意味的。歌德將他的自傳題名為「詩與真實」，這是很有意思的事，在這裡詩與真實相對立，詩是藝術，也就是理想或幻想，將客觀的真實透過了主觀的幻想，安排了敘述出來，結果成為藝術的作品，留供後世人的鑒賞。但那是藝術名人的事情，不是我們平凡人所可學樣的，我平常不懂得詩，也就不能贊成這樣的做法，我寫這回憶錄，也同從前寫《魯迅的故家》一個樣子，只就事實來作報導，沒有加入絲毫的虛構，除了因年代久遠而生的有些遺忘和脫漏，那是不能免的，若是新增潤色則是絕對沒有的事。平常寫文章的時候，即使本來沒有加進去詩的描寫，無意中也會出現一種態度，寫出來誇張不實的事來，這便是我在乙酉（一九四五）年六月所寫一篇《談文章》裡所說的，做文章最容易犯的一種毛病，即是作態。原文有一節云：

「我看有些文章本來是並不壞的，他有意思要說，有詞句足用，原可好好的寫出來，不過這裡卻有一個難關。文章是個人所寫，對手卻是多數人，所以這與演說相近，而演說更與做戲相差不遠。演說者有話想說服大眾，然而也容易為大眾所支配，有一句話或一舉動被聽眾所賞識，常不免無意識的重演，如拍桌說大家應當衝上前去，得到鼓掌與喝采，接下去說大家不可不衝鋒，拍桌使玻璃杯都蹦跳了。這樣，引導群眾的演說與娛樂群眾的做戲實在已沒有多大區別。我是不懂戲文的，但是聽人家說好的戲子也並不是這樣演法，他有自己的規矩，不肯輕易屈己從人。小時候聽長輩談一個故鄉的戲子的軼事，他把徒弟教成功了，叫他上台去演戲的時候，吩附道：你自己唱演要緊，戲台下邊鼻孔像煙通似的那班傢伙你千萬不要去理他們。鄉間戲子有這樣見識，可見他對於自己的技術確有自信，賢於一般的政客和文人矣。」對於這種毛病，我在寫文章的時候也深自警惕，不敢搦起筆來繃著面孔，做出像煞有介事的一副樣子，只是同平常寫信一樣，希望做到瑣屑平凡的如面談罷了。這一節話本來是應該在開頭第一章裡說的，現在這裡來補說，雖然似乎是遲了一點，卻也覺得沒有不合適的地方。

我不想寫敵偽時期個人的行事，那麼寫的是那時候的心事麼？這多少可以這樣的說，因為在那個時期的確寫了不少文章，而且多是積極的有意義的，雖然我相信教訓之無用，文字之無力，但在那時候覺得在水面上也只有這一條稻草可抓了。其實最初我是主張沉默的，因為有如徐君所說在淪陷區的人都是俘虜，苦難正是應該，不用說什麼廢話。在廿七年（一九三八）二月在一篇《讀東山談苑》裡表明態度道：

「《東山談苑》卷七云，倪元鎮為張士信所窘辱，絕口不言，或問之，元鎮曰，一說便俗。此語殊佳，余澹心記古人嘉言懿行，裒然成書八卷，以余觀之，總無出此一條之右者矣。嘗怪《世說新語》後所記何以率多陳腐，或歪曲遠於情理，欲求如桓大司馬樹猶如此之語，難得一見。云林居士此言可謂甚有意思，特別如余君所云，亂離之後，閉戶深思，當更有感興，如下一刀圭，豈止勝於吹竹彈絲而已哉。」

當時以為說多餘的廢話這便是俗，所以那一年裡只寫些兩三百字的短篇筆記，像這一篇的便是，後來集有二百多則，並作一集叫做「書房一角」。但是廿八年元旦來了刺客，過了十七天又遇著了故友錢玄同君之喪，他的精神受了激刺，這是與那刺客事件不無關係的，在他去世後百日，我便寫了《最後的十七日》這篇文章，做他的記念，後來改名為「玄同紀念」，收在《藥味集》裡。那篇文章的末尾說：

「今玄同往矣，恐遂無復有能規誡我者。這裡我只是稍講私人的關係，深愧不能對於故人的品格學問有所表揚，但是我於此破了二年來不說話的戒，寫下這一篇小文章，在我未始不是一個大的決意，姑以是為故友紀念可也。」年月是民國廿八年四月廿八日，這篇文章是登在當時為燕大學生所辦的《燕大週刊》上邊的。我自此決意來說話，雖是對於文字的力量仍舊抱著疑問，但是放手寫去，自民國廿八年至三十四年這七年裡，收集起來的共計有一百三十篇，其散佚者在外，可以說是不算少了吧。

反動老作家一

我寫文章平常所最為羨慕的有兩派，其一是平淡自然，一點都沒有做作，說得恰到好處，其二是深刻潑辣，抓到事件的核心，彷彿把指甲很很的掐進肉裡去。可是這只是理想，照例是可望而不可即，寫出來的都是些貌似神非的作品，所以在每回編好集子的時候，總是覺得不滿意，在前記或後記裡發一回牢騷。我的根基打的不好，當我起頭寫文章的那時，「文學革命」正鬧得很起勁，但是我的興趣卻是在於「思想革命」的方面，這便拉扯到道德方面去，與禮教吃人的問題發生永遠的糾葛。從前美國的沉醉詩人愛倫坡（Allan Poe）平生懷著一種恐懼，生怕被活埋，我也相似的有怕被人吃了的恐懼，因此對於反禮教的文人很致敬禮，自孔文舉至李卓吾都是，顧亭林以明遺民不仕清朝，雖然也很佩服，但是他那種在《日知錄》中所表示的痛恨李卓吾的態度，自不免要加以攻擊了。本來高談思想革命，不與經濟生活發生關係，乃是一種唯心的說法，與宗教家之勸人發心行善沒有什麼兩樣，所以結果覺得教訓無用，文字無力，乃是當然的事情，但是因為不能忘情於人間，明知無益也仍由於惰性拖延下去了。

以上是我在淪陷前寫文章的態度，實在是消極的一種消遣法罷了，這可以說是前期吧？但是在淪陷後的寫作，這便有些不同了，文章仍舊是那麼樣，但是態度至少要積極誠實一點了。在淪陷中有什麼事值得改變態度，積極去幹的呢？因為這是在於敵人中間，發表文章也是宣傳的一種，或者比在敵人外邊的會有效力也未可知。這事果有效力麼?我不能確說,但是我覺得這是有的,因為我因此從日本軍部的御用文人方面得到了「反動老作家」的名號,這是很有光榮的事,但在講到這件事的始末以前,我還得把我後期的著作大略說一說。

我很反對顧亭林的那種禮教氣,可是也頗佩服他的幾句說話,在一九四四年出版的一冊《苦口甘口》,曾在自序中有這一節話道:

「重閱一過之後,照例是不滿意,如數年前所說過的一樣,又是寫了些無用也無味的正經話。難道我的儒家氣真是這樣的深重而難以湔除麼?我想起顧亭林致黃梨洲的書中有云:

『炎武自中年以前,不過從諸文士之後,注蟲魚,吟風月而已。積以歲月,窮探古今,然後知後海先河,為山覆簣,而於聖賢六經之旨,國家治亂之原,生民根本之計,漸有所窺。』案此書亭林文集未載,見於梨洲《思舊錄》中,時在清康熙丙辰,為讀《明夷待訪錄》後之覆書,亭林年已六十四,梨洲則六十七矣。黃顧二君的學識我們何敢妄攀,但是在大處態度有相似者,亦可無庸掩藏。鄙人本非文士,與文壇中人全屬隔教,平常所欲窺知者,乃在於國家治亂之原,生民根本之計,但所取材亦並不廢蟲魚風月,則或由於時代之異也。」這一番話雖是也包括前期的文章在內,但特別著重在說明後期的,因為正經文章在那時候是特別的多。當然裡邊也不少閒適的小文,有如收在《藥味集》裡的《賣糖》,《炒栗子》與《蚊蟲藥》,以及後來的《石板路》,都可以說是這一路,但是大多數卻多是說理,因此不免於枯燥了。在那方面平常有兩種主張,便是其一為倫理之自然化,其二為道義之事功化是也。這第一點是反對過去的封建禮教,不合人情物理,甚至對於自然亦多所歪曲,非得糾正不可。這思想的來源是很古舊的,在民國八年三月所寫的《祖先崇拜》這篇小文中說道：

「我不相信世上有一部經典，可以千百年來當人類的教訓的，只有紀載生物的生活現象的 biologie（生物學），才可供我們參考，定人類行為的標準。」這彷彿與尼采所說的，要做一個健全的人須得先成為健全的動物，意思相近似，可是人們一面實行著動物所沒有那些行為，例如賣淫，強姦，大量的虐殺如原子彈等，一面卻來對於自然加以不必要的美化，說什麼烏反哺，羔羊跪乳，硬說動物也是知道倫常的，實在是非常荒唐的話，但是在中國卻還有相當的勢力。第二點是反對一切的八股化。自從董仲舒說過，「正其誼不謀其利，明其道不計其功」，後來的人便抗了這塊招牌大唱高調，崇理學而薄事功，變成舉世儘是八股的世界。孟子對於梁惠王「何以利吾國」之問，開口喝道：「王何必曰利，亦有仁義而已矣，」但是後面具體的說來，卻是「五畝之宅樹之以桑」這一大串話，歸結到「黎民不饑不寒」，正是極大的事功。清朝阮元在他的《論語論仁論》中有云：

「凡仁必於身所行者驗之而始見，亦必有二人而仁乃見，若一人閉戶齊居，瞑目靜坐，雖有德理在心，終不得指為聖門所謂之仁矣，蓋士庶人之仁見於宗族鄉黨，天子諸侯卿大夫之仁見於國家民臣，同一相人偶之道，是必人與人相偶而仁乃見也。」所以我以為瞑目靜坐在那裡默想仁字，固然也不是壞事情，然而也希望他能夠多少見於實行，庶幾表示與一心念佛的信徒稍有不同耳。

我揭櫫了這兩個主張，隨時發點議論，此外關於中國的文學思想等具體問題也講了些話，這是違反我從前說過的話的，因為在多年以前我宣告將文學店關門了，現在卻再來講話，莫非又覺得懂得了文學了麼？這其實是並不如此的，文學仍舊是不懂，但是本國的事情不能毫不關心，而且根據知之為知之，不知為不知的原則，一般文學問題可以推說不懂，若是關於中國的事情多少總是有點了解的，這樣便忍不住來說幾句話了。

我所寫的關於中國文學和思想的文章，較為重要的有這四篇，依了年月的次序寫來是這幾種：

一，《漢文學的傳統》，民國廿九年三月。

二，《中國的思想問題》，三十一年十一月。

三，《中國文學上的兩種思想》，三十二年四月。

四，《漢文學的前途》，同年七月。

其中一四兩篇，所說也就是那一套，但題目稱漢文學卻頗有點特別，因為我在那時很看重漢文的政治作用，所以將這來代表中國文學。在《漢文學的前途》後邊有一篇附記道：

「民國廿九年冬曾寫一文曰『漢文學的傳統』，現今所說大意亦仍相同，恐不能中青年讀者之意，今說明一句，言論之新舊好歹不足道，實在只是以中國人立場說話耳。太平時代大家興高采烈，多發為高論，只要於理為可，即於事未能亦並不妨，但不幸而值禍亂，則感想議論亦近平實，大抵以國家民族之安危為中心，遂多似老生常談，亦是當然也。中國民族被稱為一盤散沙，自他均無異辭，但民族間自有系維在，反不似歐人之易於分裂，此在平日視之或無甚足取，唯亂後思之，卻大可珍重。我們史書，明永樂定都北京，安之若故鄉，數百年燕雲舊俗了不為梗，又看報章雜誌之紀事照相，東至寧古塔，西至烏魯木齊，市街住宅種種色相，不但基本如一，即瑣末事項有出於迷信敝俗者，亦多具有，常令覽者不禁苦笑。反覆一想，此是何物在時間空間中有如是維繫之力，思想文字語言禮俗，如此而已。漢語漢字其來已遠，近更有語體文，以漢字寫國語，義務教育未普及，只等刊物自然流通的結果，現今青年以漢字寫文章者，無論地理上距離間隔如何，其感情思想卻均相通，這一件小事實有很重大的意義。舊派的人嘆息語體文流行，古文漸衰微了，新派又覺得還不夠白話化方言化，也表示不滿意，但據我看來，這在文學上正夠適用，更重要的乃是政治上的成功，助成國民思想感情的聯絡與一致，我們固不必要表揚褒揚新文學運動之發起人，唯其成績在民國政治上實較在文學上為尤大，不可不加以承認。以後有志於文學的人亦應認明此點，把握漢文學的統一性，對於民族與文學同樣的有所盡，必先樹立了民族文學的根基，乃可以東亞文學的一員而參加活動，此自明之事實也。關於文人自肅，亦屬重要，唯苦口之言，取憎於人，且即不言而亦易知，故從略。七月二十日。」

這兩篇關於漢文學的是我比較注重的文章，在三十三年十二月給一種期刊寫的《十堂筆談》裡也重複提起，起頭的兩節便是漢字與國文。第三篇的兩種思想，無非是將那民為貴與君為臣綱對立起來，構成一篇講演，最有意思的乃是第二篇，即是《中國的思想問題》，因為我之所以得到那「反動老作家」的徽號，正因這篇文章的關係。

反動老作家二

我於盧溝橋事件的前半個月前，在《國聞週報》上面發表《日本管窺之四》，宣告日本研究店的關門，但是在後期著作裡卻仍寫有十篇以上的文章，談及日本的風俗，名物或是書籍的，其中比較特別的乃是一篇《日本之再認識》。這是一九四〇年值日本所謂建國二千六百年紀念，國際文化振興會於募集紀念文之外，又特別指名徵求，贈送藝術品為報酬，我於不受酬的條件之下，答應了這要求。那是很可笑的一篇東西，因為實在乃是抄襲《日本管窺》而成的，將其二的上半接品了其四的下半，結論仍舊是日本國民性不可解，歸結到宗教上去，換句話說即是感情超過理論，也就是沒有道理可講。這個結論我至今還是相信，戰後的新興宗教風起雲湧，固然是個證據，戰前的什麼大本教和天理教也更是興旺了，社會上横行著右傾團體實在都是宗教的狂信者。我那篇文章本來是應教的八股，理應大加頌聖才對，但是不單是沒有做到，而且意在訕謗，情罪甚重，怕有什麼問題麼？可是想不到這卻是接收了，而且還承他們居然印了單行本，過了兩年卻在那《中國的思想問題》上發生了問題，觸怒了日本軍部的御用文人，於是軒然大波起來了。那個日本軍部御用文人在答覆我的信中說，「此雖是甚失禮的說法，對於日本人之文章感受性幸勿予以過低的估價可也，」那麼那篇《再認識》的意義未始不覺察，只因是自己請求我寫的，不好翻過臉來，只好啞子吃黃連了，但是這回卻有不同，所以不禁暴跳如雷，高呼「掃蕩中國反動老作家」了吧。

那篇文章是我照例的鼓吹原始儒家思想的東西，但寫的時候卻別有一種動機，便是想阻止那時偽新民會的樹立中心思想，配合大東亞新秩序的叫嚷，本來這種驢鳴犬吠的運動，時至自會消滅，不值得去注意它，但在當時聽了覺得很是討厭，所以決意來加以打擊。文章起頭說：

「中國的思想問題，這是一個重大的問題，但是重大，卻並不嚴重。本人平常對於一切事不輕易樂觀，唯獨對於中國的思想問題卻頗為樂觀，覺得在這裡前途是很有希望的。中國近來思想界的確有點混亂，但這只是表面一時的現象，若是往遠處深處看去，中國人的思想本來是很健全的，有這樣的根本基礎在那裡，只要好好的培養下去，必能發生滋長，從這健全的思想上造成健全的國民出來。

這箇中國固有的思想是什麼呢？有人以為中國向來缺少中心思想，苦心的想給它新定一個出來，這事很難，當然不能成功，據我想也是可不必的，因為中國的中心思想本來存在，差不多幾千年來沒有什麼改變。簡單的一句話說，這就是儒家思想。」以下是我的照例的那一番話，引用孟子的「禹稷當平世，三過其門而不入」，和「五畝之宅，樹之以桑」這兩段，接下去是焦理堂在《易餘籥錄》裡的話：

「先君子嘗曰，人生不過飲食男女，非飲食無以生，非男女無以生生。唯我欲生，人亦欲生，我欲生生，人亦欲生生，孟子好色好貨之說盡之矣。不必屏去我之所生，我之所生生，但不可忘人之所生，人之所生生。循學《易》三十年，乃知先人此言聖人不易。」將這個意思提高上去，則屬於最高的道德，便是仁，放低了便屬於生物學之所謂求生意志，這原是人類所同，但是在聖經賢傳裡那樣明確表示的，如《禮記．禮運》中說過，「飲食男女，人之大欲存焉，死亡貧苦，人之大惡存焉」，那卻是中國所特有的了。為的貫徹求生意志，使得人己皆得生存，皆得幸福，這便是中國人的現實主義，可是若是生存受了威脅，那也就起來抵抗，這就要亂的一團糟了。大意就是如此，可是這激怒了敵人，因為這裡邊有些三平穩的話在他看去是大不平穩，與大東亞建設的理想不能並立，非加以打倒不可。

我那篇文章由日本改造社《文藝》雜誌譯出登載，三十二年九月日本軍部領導的文學報國會在東京召開大東亞作家大會，第二分組會議席上有片岡鐵兵發表演說，題曰「掃蕩反動作家」，登在《文學報國》的第三號上，便是那文章所引起的反響，在我覺得是意外的成功，因為我當初的用意只是反對新民會的主張，卻沒有料到這樣大的收穫，至於敵人封我為「反動老作家」或「殘餘敵人」，則更是十二分的光榮了。此案的全文經陶晶孫君譯出，登在三十三年五月出版的《雜誌》中，現在已經找不到，只能將摘抄下來的片岡演說詞錄下：

「余之議題雖為『中國文學之確立』，其實問題尚更狹隘，僅以中國和平地區內，基於渝方政權分立下之中國特殊情形，而有一特殊之文學敵人存在，不得不有對之展開鬥爭之提議。吾人若不先行注意中國之特殊情形，即難透視中國之動態，吾人對中國代表諸君協力大東亞戰爭之熱情與闡發大東亞建設理想之努力，自不勝敬仰。但余想像，中國諸君或者以為自己目前之地位，因中國特殊情形之故，尚不得不姑息種種殘餘敵人之存在。現在余在此指出之敵人，正是諸君所認為殘餘敵人之一，即目前正在和平地區內蠢動之反動的文壇老作家，而此敵人雖在和平地區之內，尚與諸君思想的熱情的文學活動相對立，而以有力的文學家資格站立於中國文壇。關於此人的姓名，余尚不願明言，總之彼常以極度消極的反動思想之表現與動作，對於諸君及吾人之思想表示敵對。諸君及吾人建設大東亞之理想，係一種嶄新之思想，亦即青年之思想，欲將東亞古老之傳統以新面目出現於今日曆史之中，確乎只有精神肉體兩俱沉浸於今日歷史中之青年創造意志，方能完成其困難工作。坦直言之，余年已五十，然而歷史巨浪之大東亞戰爭，與夫大東亞建設之思想，已使余返老還童矣。況諸君較餘年輕，故余確信以諸君之憤怒，必將向彼嘲弄青年思想之老成精神予以轟炸，進擊。」又云：

「諸君之文學活動沿著新中國創造之線，然彼老大家則毫不考慮今日之中國呼吸於如何歷史之中，被置於如何世界情勢之下，唯其獨自隨意的魅力豐富的表現，暗嗤諸君，而於新中國之創造不作如何的努力。彼已為諸君與吾人前進之障礙，積極的妨害者，彼為在全東亞非破壞不可之妥協的偶像，彼不過為古的中國的超越的事大主義與第一次文學革命所獲得的西洋文學的精神之間的怪奇的混血兒而已。」

這個片岡鐵兵是什麼人呢？他本來是左派作家，後來與林房雄都「轉向」了，——一九三四年夏天我同徐耀辰君暑假時往東京，藤森成吉招待我們，見到秋田雨雀，神近市子，渡邊順三諸人，只有林房雄沒有到，打電話來說明天要進監獄去，所以不能來了，可見轉向還在這以後。轉向的人比平常人更為可怕，文人也不例外，後來林房雄派到華北來當什麼文化使節，便是來搞些特務工作，用喝酒挾妓的手段拉攏些人，想弄什麼華北特殊文化，但是沒有成功，住了半年便回去了。且說片岡雖是要掃蕩老作家，但是沒有說出姓名，胡蘭成第一個說明就是指我，為得查問清楚起見，乃寫信給文學報國會的總務局長久米正雄，要求說明，過了好久乃由片岡回信承認，並言明所以主張要掃蕩的理由。原文很長，今只節錄第三段於下：

「請你想起在改造社《文藝》雜誌所登載的大作《中國的思想問題》中之一節，原文云，他們要求生存，他們生存的道德不想損人以利己，可是也不能聖人那樣損己以利人云云。這樣說起，講到亂的那一節話，當時鄙人在大東亞文學者大會中發表那篇演說，即有此文在鄙人胸中。只以此奉告，該文作者的先生當能立即覺到鄙人以何者為問題，為何者所戟刺矣。讀了《中國的思想》全文，熟讀上述之一節，假如不曾感覺在今日曆史中該文所演的腳色乃是『反動保守的』，則此輩只是眼光不能透澈紙背的讀者而已。鄙人感到，不應阻害中國人民的慾望之主張實即是對於為大東亞解放而鬥爭著的戰爭之消極的拒否，因此在去年九月大東亞文學者大會第二分組會議席上，作那樣的演說。假如中國人雖贊成大東亞解放，而不願生存上之慾望被阻害，即中國人不分擔任何苦痛，以為即協力於大東亞戰爭，使此種思想成為一般的意思，則在此戰爭上中國之立場將何如乎。為中國人民所仰為指南之先生有此文章，其影響力為何如，鄙人念及為之慄然。不賭個人的生存之戰爭可能有乎？不犧牲個人之慾望而願贏得戰爭既不可能，然則先生此文無非將使拒否大東亞戰爭，或至少亦欲對於此戰爭出於旁觀地位之一部分中國人之態度予以傳統道德之基礎，而使之正當化耳。文章之批評不可為文章之表面所眩惑，雖是平穩的言詞，而在其底下流動之物必可感知其出於平穩之上，此雖是甚失禮的說法，對於日本人之文章感受性幸勿予以過低的估價可也。」

這個題目的文章，寫的非常的長了，內容也很無聊，所以應當適可而止了。但是事情雖是無聊，對於我卻是很嚴重的，試想潛伏和平地區（即是淪陷區），在那裡蠢動的殘餘敵人，那麼這樣的人該當何罪呢？連東京的文人都知道了，難道在北京的憲兵還不知道，怕不捉將官裡去，弄到了失了蹤。實在他們是這樣想的，當日本投降的時候，原特務機關的頭子森岡皋中將做華北綜合調查研究所的理事長，我當著副理事長，一天會議遣散所員的事，他看見我笑嘻嘻的問道：「周先生，沒有接到新的任命麼？」我也笑答道：「還沒有哩。」可是他們不曾動手掃蕩，這在我不能不說是萬分的僥倖了。

先母事略

民國三十二年（一九四三）這年在我是一個災禍很重的年頭，因為在那年裡我的母親故去了。我當時寫了一篇《先母事略》，同訃聞一起印發了，日前偶然找著底稿，想就把它拿來抄在這裡，可是無論怎麼也找不到了，所以只好起頭來寫，可能與原來那篇稍有些出入了吧。

先母姓魯，名瑞，會稽東北鄉的安橋頭人。父名希曾，是前清舉人，曾任戶部司員，早年告退家居，移家於皇甫莊，與范嘯風（著《越諺》的范寅）為鄰，先君伯宜公進學的時候，有一封賀信寫給介孚公，是范嘯風代筆的，底稿儲存在我這裡，裡邊有「弟有三嬌，從此無白衣之客，君唯一愛，居然繼黃卷之兒」，是頗有參考價值的。先母共有兄弟五人，自己居第四，姊妹三人則為最小的，所以在母家被稱為小姑奶奶。先君進學的年代無可考了，唯希曾公於光緒十年甲申（一八八四）去世，所以可見這當更在其前。先母生於咸豐七年丁巳（一八五七）十一月十九日，卒於民國三十二年癸未（一九四三）四月二十二日，享年八十七歲。先母生子女五人，長樟壽，即樹人，次櫆壽，即作人，次端姑，次松壽，即建人，次椿壽。端姑未滿一歲即殤，先君最愛憐她，死後葬於龜山殯舍之外，親自題碑曰，周端姑之墓，周伯宜題，後來遷移合葬於逍遙樓，此碑遂因此失落了。椿壽則於六歲時以肺炎殤，亦葬於龜山，其時距先君之喪不及二年，先母更特別悲悼，以椿壽亦為先君所愛，臨終時尚問「老四在哪裡」，時已夜晚乃從睡眠中喚起，帶到病床裡邊。故先母亦復懷念不能忘，乃命我去找畫師葉雨香，託他畫一個小照，他憑空畫了小孩，很是玉雪可愛，先母看了也覺中意，便去裱成一幅小中堂，掛在臥房裡，搬到北京來以後，也還是一直掛著，足足掛了四十五年。關於這事我在上面已曾寫過，見第十八章中，所以現在從略了。

先君生於咸豐十年庚申（一八六〇）十二月二十一日，卒於光緒二十二年丙申（一八九六）九月初六日，得年三十七，紹興所謂剛過了本壽。他是在哪一年結婚或是進學的都無可考，或者這在當時只用活字排印了二十部的《越城周氏支譜》上可能有紀載，但是我們房派下所有的一部卻給國民黨政府沒收了，往北京圖書館去查訪，也仍是沒有下落。先君本名鳳儀，進學時的名字是文鬱，後來改名儀炳，又改用吉，這以後就遇著那官事，先君說，「這名字的確不好，便是說拆得周字不成周字了。」但他的號還是伯宜，因為他小名叫做「宜」，先母平時便叫他「宜老相公」，——查《越諺》卷中人類尊稱門中有老相公，注云有田產安享者，又佃戶亦常稱地主為收租老相公，意如是稱謂當必有所本，唯小時候也不便動問，所以這緣故終於不能明瞭。

先母性和易，但有時也很強毅。雖然家裡也很窘迫，但到底要比別房略為好些，以是有些為難的本家時常走來乞借，總肯予以通融賙濟，可是遇見不講道理的人，卻也要堅強的反抗。清末天足運動興起，她就放了腳，本家中有不第文童，綽號「金魚」的頑固黨揚言曰，「某人放了大腳，要去嫁給外國鬼子了。」她聽到了這話，並不生氣去找金魚評理，卻只冷冷的說道：「可不是麼，那倒真是很難說的呀。」她晚年在北京常把這話告訴家裡人聽，所以有些人知道，我這事寫在《魯迅的故家》的一節裡，我的族叔冠五君見了加以補充道：

「魯老太太的放腳是和我的女人謝蕉蔭商量好一同放的。金魚在說了放腳是要嫁洋鬼子的話以外，還把她們稱為妖怪，金魚的老子也給她們兩人加了『南池大掃帚』的稱號，並責備藕琴公家教不嚴，藕琴公卻冷冷的說了一句，『我難道要管媳婦的腳麼？』這位老頑固碰了一鼻子的灰，就一聲不響的走了。」所謂金魚的老子即《故家》裡五十四節所說的椒生，也就是冠五的先德藕琴公的老兄，大掃帚是罵女人的一種隱語，說她要敗家蕩產，像大掃帚掃地似的，南池乃是出產掃帚的地名。先母又嘗對她的媳婦們說：「你們每逢生氣的時候，便不吃飯了，這怎麼行呢？這時候正需要多吃飯才好呢，我從前和你們爺爺吵架，便要多吃兩碗，這樣才有氣力說話呀。」這雖然一半是戲言，卻也可以看出她強健性格的一斑。

先君雖未曾研究所謂西學，而意見甚為通達，嘗謂先母曰，「我們有四個兒子，我想將來可以將一個往西洋去，一個往東洋去留學。」這個說話總之是在癸巳至丙申（一八九三至九六）之間，可以說是很有遠見了，那時人家子弟第一總是讀書趕考，希望做官，看看這個做不到，不得已而思其次，也是學幕做師爺，又其次是進錢店與當鋪，而普通的工商業不與焉，至於到外國去進學堂，更是沒有想到的事了。先君去世以後，兒子們要謀職業，先母便陸續讓他們出去，不但去進洋學堂，簡直搞那當兵的勾當，無怪族人們要冷笑這樣的說了，便是像我那樣六年間都不回家，她也毫不嗔怪。她雖是疼愛她的兒子，但也能夠堅忍，在什麼必要的時候。我還記得在魯迅去世的那時候，上海來電報通知我，等我去告訴她知道，我一時覺得沒有辦法，便往北平圖書館找宋紫佩，先告訴了他，要他一同前去。去了覺得不好就說，就那麼經過了好些工夫，這才把要說的話說了出來，看情形沒有什麼，兩個人才放了心。她卻說道：「我早有點料到了，你們兩個人同來，不像是尋常的事情，而且是那樣遲延儘管說些不要緊的話，愈加叫我猜著是為老大的事來的了。」將這一件與上文所說的「一幅畫」的事對照來看，她的性情的兩方面就可全然明瞭了。

先母不曾上過學，但是她能識字讀書。最初讀的也是些彈詞之類，我記得小時候有一個時期很佩服過左維明，便是從《天雨花》看來的，但是那裡寫他劍斬犯淫的侍女，卻是又覺得有了反感了，此外還有《再生緣》，不過看過了沒有留下什麼記憶。隨後看的是演義，大抵家裡有的都看，多少也曾新添一些，記得有大櫥裡藏著一部木板的《綠野仙蹤》，似乎有些不規矩的書也不是例外，至於《今古奇觀》和《古今奇聞》，那不用說了。我在庚子年以前還有科舉的時候，在「新試前」趕考場的書攤上買得一部《七劍十三俠》，她看了覺得喜歡，以後便搜尋它的續編以至三續，直到完結了才算完事。此後也看新出的章回體小說，民國以後的《廣陵潮》也是愛讀書之一，一冊一冊的隨出隨買，有些記得還是在北京所買得的。她只看白話的小說，雖然文言也可以看，如《三國演義》，但是不很喜歡，《聊齋志異》則沒有看過。晚年愛看報章，定上好幾種，看所登的社會新聞，往往和小說差不多，同時卻也愛看政治新聞，我去看她時輒談段祺瑞吳佩孚和張作霖怎麼樣，雖然所根據的不外報上的記載，但是好惡得當，所以議論都是得要領的。

先母的誕日是照舊曆計算的，每年在那一天，叫飯館辦一桌酒席給她送去，由她找幾個合適的人同吃，又叫兒子豐一照一張相，以作紀念。一九四二年十二月廿六日為先母八十六歲的生日，豐一於飯後為照相，及至曬好以後先母乃特別不喜歡，及明年去世，唯此相為最近所照，不得已遂放大用之於開吊時。一九四三年四月分日記云：

「廿二日晴，上午六時同信子往看母親，情形不佳，十一時回家。下午二時後又往看母親，漸近彌留，至五時半遂永眠矣。十八日見面時，重複云，這回永別了，不圖竟至於此，哀哉，唯今日病狀安謐，神識清明，安靜入滅，差可慰耳。九時回來。

廿三日晴，上午九時後往西三條。下午七時大殮，致祭，九時回家。此次系由壽先生讓用壽材，代價九百元，得以了此大事，至可感也。

廿四日晴，上午八時往西三條，九時靈柩出發，由宮門口出西四牌樓，進太平倉，至嘉興寺停靈，十一時到。下午接三，七時半頃回家，豐一暫留，因晚間放焰口也。」至五月二日開吊，以後就一直停在那裡，明年六月十九日乃下葬於西郊板井村之墓地。

本文是完了，但是這裡卻有一個附錄，這便是上文所說范嘯風替晴軒公寫的那封信，因為文章雖並不高明，內容卻有可供參考的地方，而且那種「黃傘格」的寫法將來也要沒有人懂得了，所以我把它照原樣的抄寫在這裡了。原題是「答內閣中書周福清（兩字偏右稍小）並賀其子入泮」：

忝依

玉樹，增葭末之榮光，昨奉

金緘，愧楮生之殑殢。茲者欣遇

令郎入泮，竊喜擇婿東床，笑口歡騰，喜心傾寫。

恭維

介孚仁兄親家大人職勤視草，

恩遇賜羅，
雅居中翰之班，愛蓮名噪，
秀看後英之茁，採藻聲傳。
聞喜可知，馳賀靡似。弟自違粉署，遂隱稽山，蝸居
不啻三遷，蠖屈已將廿載。所幸男婚女嫁，願了向平，
侄侍孫嬉，情娛垂晚。昔歲季女歸
第，今茲快婿遊庠。弟有三嬌，從此無白衣之客，
君唯一愛，居然繼黃卷之兒。不禁筆歌，用達絮語，
敬賀
鴻禧，順請
台安，諸維
亮察不莊。姻愚弟魯希曾頓首。

監獄生活

到了一九四五年八月，日本終於無條件投降了，抗日戰爭得到勝利，凡是在敵偽時期做過事的人當然要受到處分，不過雖有這個覺悟，而難望能夠得到公平的處理，因為國民黨政府的一個目的是在於「劫收」，並不是為別的事情。我這裡沒有其他寶貝，只有一塊刻著「聖清宗室盛昱」六字的田黃石章，和摩伐陀 (Movado) 牌的一隻鋼表，一總才值七八百塊錢，也被那帶槍的特務所偷去，幸而他們不要破磚瓦，所以那塊鳳皇磚和永明磚硯總算留下了。這是那年十二月六日的事，他們把我帶到有名的炮局衚衕的獄舍裡，到第二年五月才用飛機送往南京，共總十二個人，最初住在老虎橋首都監獄的忠舍，隨後又移至義舍，末了又移往東獨居，這是一人一小間，就覺得很是不錯了。這一直住到民國三十八年（一九四九）一月廿六日，那時南京政府已經坍台了，這才叫我們保釋出去，第三天到得上海，正是陰曆的除夕了。

在北京的炮局是歸中統的特務管理的，諸事要嚴格一點，各人編一個號碼，晚上要分房按號點呼，年過六十的云予優待，聚居東西大監，特許用火爐取暖，但煤須自己購備，吃飯六人一桌，本來有菜兩缽，亦特予倍給。第二年五月移居南京之後，原是普通監獄，分出一部分作為看守所，都屬於司法部，便很有些舊時的風氣了。忠舍為看守所的一部，在西北的一角裡，東西相對各有五間房子，每房要住五個人，北面有一個小院子，關起門來倒也自成一個院落。住在裡面的人，安定下來就開始募款，記不清那數目了，大約是每月三四十萬吧，給他們做酬勞，——這叫做什麼好呢？凡是在忠舍當差的人，自看守以至副所長都有所得，據說只有所長沒有分潤，這是我聽說如此，詳細也不知道。我們沒有錢的也可以不出，反正忠舍的住民裡不缺少富翁，他們就負擔下來了，例如有一位乾癟的老頭子，年紀有七十多歲了，是盛宣懷的侄子，是統售鴉片煙的，上上下下都稱他為「老太爺」，便是一例。因為如此，忠舍的管理比較緩和，往來出入可以自由，菸酒什麼違禁物品也可輸入，所裡照例每月也有檢查，但是都是預先知道，由擔任「外役」的人先期收集了，隱藏在板屋的頂上，檢查完畢再一一歸還原主。當外役的都是那些短期拘禁的犯竊盜小罪的人，有一個姓沈的少年，卻很有工夫，嘗親自表演，將看守身邊的東西轉眼掏到手裡，有一回同了好些人上法院去，回來檢查的時候，向會計課領了錢出去的人找不到餘剩的錢，卻發見在這人的身上了，明知道偷了也是沒用，但看見有好機會便忍不住要技癢了吧。不過這事也有例外，有個剃頭的卻是殺人犯，我曾屢次叫他理髮，問起他的事情，答說是因為鬥毆，與同行的兄弟兩人打架，兩面均拿著傢伙，結果是他打贏了，對方一死一傷，但是他卻吃了官司，初判死刑，後來改處有期徒刑。其人並不凶悍，所以將頭顱託付他，沒有覺得什麼不放心，可是叫殺人犯來剃頭，當初一聽卻是駭人聽聞的了。

在忠舍大約住有一年的樣子，起居雖然擠得很，卻還能做一點工作，我把一個餅乾洋鐵罐做台，上面放一片板當做小棹子，翻譯了一部英國勞斯（W·H·D·Rouse）所著的《希臘的神與英雄與人》，給了正中書局，沒有出版，解放後經我重新譯了，由文化生活社刊行，書名省作「希臘的神與英雄」了。此外又開始做些舊詩，就是我向來稱它做打油詩的，不過這時不再作那七言律詩了，都是些七言絕句和五言古詩，那是道地的外道詩，七絕是牛山志明和尚的一派，五古則是學寒山子的，不過似乎更是疲賴一點罷了。計共有《忠舍雜詩》二十首，《往昔》五續三十首，《丙戌歲暮雜詩》十一首，這裡除《忠舍雜詩》外都是五言古詩。丁亥（一九四七）七月移居東獨居，稍得閒靜，又得商人黃煥之出獄時送我的摺疊炕桌，似乎條件儘夠用功了，可是成績不夠好，通計在那裡住了一年半，只看了一部段注《說文解字》，一部王箓友的《說文釋例》和《說文句讀》，其次則是寫詩，《丁亥暑中雜詩》三十首，《兒童雜事詩》七十二首，和集外的應酬和題畫詩共約一百首。《兒童雜事詩》為七言絕句，最初因讀英國利亞（Edward Lear）的詼諧詩，妙語天成，不可方物，略師其意，寫兒戲趁韻詩數章，迄不能就，唯留存三數首，衍為兒童生活及故事詩各二十四章，後又廣為三編，得七十二章焉。三十七年一年中不曾作詩，是年一月廿七日曾題詩稿之末云：

「寒暑多作詩，有似發寒熱。間歇現緊張，一冷復一熱。轉眼寒冬來，已過大寒節。這回卻不算，無言對風雪。中心有蘊藏，何能託筆舌。舊稿徒千言，一字不曾說。時日既唐捐，紙墨亦可惜。據榻讀爾雅，寄心在蠓蠛。」

這時國民黨政府已近末期，獨居禮邊雖然報紙可以潛入，但是沒有人要留心這些，最受歡迎的乃是《觀察》週刊，它的戰爭通訊真是犀利透澈，令人佩服。這一年裡所關心的便是時局的變化，盼望這種政府的趕快覆沒，雖然它大吹大擂的裝做勝利歸來的樣子，但人家看去終不像是真的政府，便是那在大行宮的法院，和峨冠博帶的法官，也總是做戲一般的予人以偽的感覺，這是很奇怪的也是實在的事情。即如它的最高法院對於我的聲請判決，裡邊有這樣的一節話：

「次查聲請人所著之《中國的思想問題》，考其內容原屬中國固有之中心思想，但聲請人身任偽職，與敵人立於同一陣線，主張全面和平，反對抗戰國策，此種論文雖難證明為貢獻敵人統治中國之意見，要亦系代表在敵人壓迫下偽政府所發之呼聲，自不能因日本文學報國會代表片岡鐵兵之反對而卸通敵叛國之罪責。」對於那篇《中國的思想問題》，可以看作「貢獻敵人統治中國之意見」，或是「代表在敵人壓迫下偽政府所發之呼聲」，這種武斷羅織的話是本國人的公正法官所應該說的麼？或者此乃是向來法官的口氣也未可知，那麼我只好以「作揖主義」對付之，說大人們這樣說一定是不錯的吧。

但是這個偽朝廷卻終於坍台了，倉皇解散一切的機關，我遂於民國三十八年一月廿六日離開了老虎橋，這也是很巧的，恰好正是寫那篇蠛蠓詩的一週年，我於當日口占了一首，題目是「擬題壁」，可是實在卻沒有題，只是記在心裡，到了二月八日這才把它記了下來。詩云：

「一千一百五十日，且作浮屠學閉關，今日出門橋上望，菰蒲零落滿溪間。」

這是賦而比也的打油詩，缺少溫柔敦厚之致，那是沒有法子的，但是比較丙戌（一九四六）六月所做的一首《騎驢》的詩，乃是送給傅斯年的，卻是似乎還要好一點了。

在上海迎接解放

一月廿六日走出了老虎橋，在近地的馬驥良君家住宿一夜，可是剛吃過晚飯，馬君聽了友人的勸，忽然決定連夜趁車趕往上海去了，我遂獨自占領他的大床，酣眠了一夜。第二天午前尤君走來找我，乃於下午同了尤君父子乘公共汽車到了下關，那時南京城內已經很亂，當日又有國民黨的兵從浦口退下來，所以下關一帶更是混亂，很不好走路。當時有一位老者同行，蘇州人姓王，也是從老虎橋出來的，不曉得怎麼樣與一個兵相撞了，那兵便其勢洶洶的喝問，「你是什麼人？」王君倉猝答應道，「我是老百姓。」這句話對答得恰好，而且形貌衰老也正相配合，所以幸得免於毆辱，實在是很運氣的了。

進了車站，看見有一列車輛停在那裡，就擁了上去，那時車上已擠滿了人，我因了尤君父子的幫助，從車窗上進去了，得到一個坐處，尤君父子卻只能站著，後來在過道上放下包裹，也就坐下了。這車大約是下午四五點鐘開行的，到了第二天傍晚這才到上海的北站，足足走了二十四小時，奇怪的是車裡的人在這一晝夜間一動也不動，實在也是不能動，既不要小便，並且不覺得饑渴，車上固無從得水，麵包卻是帶著的，並不想到吃，就只是傻子似的坐著，冬天黑暗的很早，車上沒有電燈，也就只是張著眼在暗中坐著。我不曾有過逃難的經驗，但是這兩天裡異常緊張與窘迫的情形，可以說是經驗到一點，後來想起深深感到奇異，所可異的不單是我個人，乃是全列車的人都會忘記飲食便利，毫無怨言的擔受著那苦難。途中有過人來收票，這一件事稍為作為點綴，表明是在坐火車旅行，可是沒有人拿出錢來，都說是什麼部什麼機關的關係，疏散到別處去的，只是口頭一句話，並不拿出什麼證件來，收票的人也沒有要了來看，就這樣的算了。付錢買票的一總不過十個人吧，我同尤君父子依照法定價格一總付了一百多元，但是拿到補的車票來一看，卻是一個人只要十多塊錢，這是什麼理由，大概也不難理解，這裡也無須詞費來加以說明瞭。

到了車站，我們坐了兩人乘坐的三輪車，走到北四川路橫浜橋的福德里，已經是暮色蒼然了，這時我才感覺口渴和想要小便，這其間卻已經過了二十四小時以上了。尤老太太忙著張羅招待客人，一面也布置祀神的事情，這時我又才知道今日已是陰曆的戊子年的除夕了。從這一天起我就成為尤君府上的食客，白吃白住，有一百九十八天，直到八月十五日這才回到北京來的。其時北京早已解放了，現在我所要說的便是在上海遇到解放的事情。其實這也沒有什麼可說的，因為蟄居橫浜橋頭小樓上，見聞不廣，沒有遇到特別事情，但是有些看到的瑣社會事項，頗有意思，這裡所記的無非就是這些罷了。

當時在上海的人所最關心的，並不是戰局的如何，因為國民黨的坍台反正是注定的了，而且覺得愈早愈好，其感覺頂傷腦筋的乃是鈔票和銀元的每天的漲落。其實漲的是銀元，落的是鈔票，這乃是一定的，它卻不是一天一變，實在是時刻在變動，所以是生活上極大的威脅，需要隨時警惕著，沒有一刻的安靜。據說有人去喝酒，剛喝了第一碗，及至再要時卻已漲了價了，這絕不是什麼假作的話。尤君每天出門去，早上換了錢，等得中午回來時，兌換率已經增高許多了，輒高呼損失不置，及至午後出去，到傍晚回家的時候，又是如此，雖然覺得好笑，可是事實是如此，時時刻刻在吃著虧。那時通行的銀元除鷹洋和站人的已經少見外，計有龍洋，大頭和小頭這三種。大頭也稱作袁頭，是民國初年所鑄，上邊是袁世凱的像，還有一種是孫中山像的，但是做的稍差，頭髮式樣有似小孩的樣子，而且似乎銀子的成色也要差一點，實在顯得要貧弱一點，所以就類推的被叫做小頭了。價格以大頭為最高，小頭要略為差些，大約和龍洋相去不遠。我從那年四月裡才重新寫起日記，也不注意這些事，沒有詳細的紀錄，但是買東西的價錢去看，也可以知道一二。四月十日記著託紀生買龍井半斤，四萬三千元，合銀洋七角強，可知那時一塊銀元和金圓券的兌換率大概是六萬。可是在四月二十日換袁頭一元計四十一萬，廿八日又換則是一百五十萬，五月四日三百七十萬，十日換龍洋為三百八十萬，十六日換小頭則已是六百五十萬了。同時還有幾項記載，也有比較研究的價值，今匯錄於下：五月十七日買龍井四兩，二百萬。四月十六日買紹興酒一瓶約三斤，二萬八千，二十日又買兩瓶十二萬四千。四月二十日理髮，計五萬五千元，五月十五日理髮一百萬。五月五日寄平信計十六萬，航空四十萬，至廿八日雖已解放，郵資新率未定，仍照金圓券一百二十萬付給。至五月三十一日，買空白摺扇一柄，價五百萬元，這乃是使用金圓券最後的一回了吧。

那裡卻也記著些好玩的事情，如四月五日上午古魯夫婦來，邀遊城隍廟，平白紀生同行，途遇亢德亦同去，在裡園茶點，六時始回寓，買竹背骨牌一副八千元，古魯所付。後來就常用這骨牌，於那小樓上在四周暴風雨中，玩那古來傳下來的「打五關」的遊戲。又有一回是五月四日，同紀生至巷口小店福德香的樓上吃餛飩，共八十萬元，那一天袁頭的行市是三百七十萬，那麼也只是銀洋兩角多罷了。關於打仗的事情日記裡沒有什麼記載，只有這幾項：

「十三日陰。徹夜遙聞炮聲。」

「十七日陰。下午付本里巷口做鐵門費，大頭一枚，又代紀生付出一枚。」為的是怕潰兵亂入，所以各巷都議做鐵門，每戶出現洋一枚，我與紀生都算作一戶，但是出了錢之後只有一個星期，就整個上海都解放了，鐵門也不見一點影子，大約這些大頭就為所謂保長之流所笑納了吧。鐵門雖然未做，可是招集巷內居民守夜，廿三日大雨夜七至九時本是我的班次，卻由尤君穿了雨衣替我去了。

「廿五日晴，上午北四川路戒嚴，裡門亦關閉。滬西其時已解放，近地尚有市街戰雲。廿六日陰。下午路上已可通行，雖槍聲陸續未斷，如放爆竹。夜大雨，平白往應夜警，地方上頗有訛言，卻並無事。」國民黨兵其實是隨處皆有，福德里中就有一個，只是他看見形勢日非，早已退歸林下，所以這時就換了一身小褂袴，站在木柵欄門裡面，以老百姓的身分在看著熱鬧，大家也就不計較了。上海一經解放，人心立即安定下來，我就打算等交通恢復，想回北京去了。其時國民黨軍隊還占據著舟山，時常有飛機來滬騷擾，日記上云：

「六月廿一日晴。連日國民黨飛機來滬轟炸，可謂風狂行動，上海人卻處之泰然，亦很好。」

「廿九日陰，午匪機又來擾頗久。」這種情形大概還暫時繼續著，直到舟山解放，這魔手才永遠和中國大陸脫離了。

我自從老虎橋出來後，沒有寫過一首舊詩，所以或者可以這是絕筆於那篇《擬題壁》了吧。但是在上海卻也曾做過五言絕句，那是應酬人的題花鳥畫的詩，純粹是模仿八股文截搭題的做法的，有些沒有法子搭上，便只得不題，乃是三月十九日所作。現在抄錄幾首在這裡，以留紀念。

一，月季花白頭翁
應是春常在，花開滿藥欄。白頭相對坐，渾似霧中看。
二，牡丹雞
花好在一時，富貴那可恃。且聽荒雞鳴，撫劍中宵起。
三，野菊雞
寒華正自榮，家禽相對語。似告三徑翁，如何不歸去。
四，木蘭芙蓉鳥
木蘭發白華，黃鳥如團絮。相將送春歸，惆悵不得語。

我的工作一

民國三十八年（一九四九）八月五日與尤君約定同行赴北京，九日上午五時半至虯江路候買火車票，不得，八時半回來，因買票人眾多，須先一日往候方可。十日下午八時後同平白至虯江路，候編號後回來，由平白派其長子徹夜守候。十一日上午五時往虯江路，候蓋戳又編新號，八時頃先回，九時半又去憑編號並照相，買北平二等票，計三萬六百廿元，取得收據，回家已十時半。十二日上午寄存行李二件，五十一公斤，運費一萬九千餘元。下午二時出發，五點五十分火車開行，各有坐位。十三日上午九時後至安徽嘉山縣，因有飛機警報，停車直至下午四時始行。十四日下午八時至天津，十一時半到北京。那時因為秩序恢復不久，旅行所以還有些困難，但是拿去與那回逃難的火車相比，真是不可同年而語了。

既然平安的到了北京，安靜的住了下來，於是我要來認真的考慮我所能做的工作了。我過去雖然是教書的，不過那乃是我的職業，換句話說乃是拿錢吃飯的方便，其實教書不是我的能力所及的。那麼估量自己的力量，到底可以幹些什麼工作呢？想來想去，勉強的說還是翻譯吧，不過這裡也有限度，我所覺得喜歡也願意譯的，是古希臘和日本的有些作品。我的外文知識很是有限，哲學或史詩等大部頭的書不敢輕易染指，不能擔當重任，過去也沒有機會可以把翻譯的工作當做職業，所以兩者只好分開了。這回到北京以後，承黨的照顧讓我去搞那兩樣翻譯，實在是過去多年一直求之不得的事情。我弄古希臘的東西，最早是那一冊《希臘擬曲》，還是在一九三二年譯成，第二年由商務印書館出版的。第二種乃是《希臘女詩人薩波》，一九四九年編譯好了，經上海出版公司印行了三千冊，就絕板了。這乃是一種以介紹薩波遺詩為主的評傳，因為她的詩被古來基督教的皇帝所禁止焚燬，後人採集佚文止存八十章左右，還多是一句兩句，要想單獨譯述，只有十多頁罷了，在這評傳裡卻幾乎收容了她全部遺詩，所以這本小冊子可以說是介紹她的詩與人的。我對於這書覺得很是滿意，當時序言裡說得很清楚，今抄錄於後：

「介紹希臘女詩人薩波到中國來的心願，我是懷的很久了。最初得到一九〇八年英國華耳敦（Wharton）編的《薩波詩集》，我很喜歡，寫過一篇古文的《希臘女詩人》，發表在紹興的劉大白主編的《禹域日報》上邊。這還是民國初年的事，荏苒三十年，華耳敦的書已經古舊了，另外得到一冊一九二六年海恩斯（Haines）編的集子，加入了好些近年在埃及地方發現，新整理出來的斷片，比較更為完善。可是事實上還是沒有辦法，外國詩不知道怎麼譯好，希臘語之美也不能怎麼有理解，何況傳達，此其一。許多半句幾個字的斷片，照譯殊無意義，即使硬把全部寫了出來，一總只有寥寥幾頁，訂不成一本小冊子，此其二。末了又搜求到了一九三二年韋格耳（Arthur Weigall）的《勒斯婆思的薩波（Sappho of Lesbos）她的生活與其時代》，這才發見了一種介紹的新方法。他是英國人，曾任埃及政府古物總檢查官，著書甚多，有《法老史》三冊，埃及王亞革那頓，女王克勒阿帕忒拉，羅馬皇帝宜祿各人之生活與其時代，關於希臘者只此一書。這是一種新式的傳記，特別也因為薩波的數據太少的緣故吧，很致力於時代環境的描寫，大概要占十分之八九，但是借了這做底子，他把薩波遺詩之稍成片段的差不多都安插在裡面，可以說是傳記中兼附有詩集，這是很妙的辦法。一九一二年帕忒列克（Patrick）女士的《薩波與勒斯婆思島》也有這個意思，可是她真的把詩另附在後面，本文也寫得很簡單，所以我從前雖然也覺得可喜，卻不曾想要翻譯它。近來閱韋格耳書，摘譯了其中六章，把薩波的生活大概都說及了，遺詩也十九收羅在內，聊以了我多年的心願，可以算是一件愉快的事。有些講風土及衣食住的地方，或者有人覺得繁瑣，這小毛病當然也可以說是有的，但於知人論世上面大概亦不無用處，我常想假如有人來做一部杜少陵或是陸放翁的新式傳記，不知他能否在這些方面有同樣的敘述，使我們知道唐宋人日常的飲食起居，可以推想我們的詩人家居的情狀，在我覺得這是非常可以感謝的。所有這些問題都是原著者的事，可以說是於我無干，我的工作是在本文以外，即是附錄中的那些薩波的原詩譯文，一一校對海恩斯本的原文，用了學究的態度抄錄出來，只是粗拙的達旨，成績不好，但在我卻是十分想用力的。既無詩形，也少詩味，未必值得讀，但是介紹在《詩經》時代的女詩人的詩到中國來，這件事還是值得做的。古典文學即是世界文學的一部分，我們中國應當也取得一份，只是擔負的力氣太小，所以也分得太少罷了。一九四九年八月二日，在上海。」

這篇序文是在橫浜橋頭的亭子間裡所寫，書編成後將原稿託付康嗣群君，經他轉交給上海出版公司，後來鄭西諦君知道了，他竭力慫恿公司的老闆付印，並且將它收入他所主編的文藝復興叢書裡邊。古來有句話，索解人難得，若是西諦可以算是一個解人，但是現在可是已經不可再得了。

我的工作二

我回到北京以後，所做的第二件事乃是重譯英國勞斯的《希臘的神與英雄與人》。我這所謂重譯，實在乃是第二次翻譯，綜計我的翻譯工作這樣重譯的共總有兩種，其他一種乃是希臘人所著的《希臘神話》，與這是屬於同類的，這雖然全是出於偶然，但也可見我與希臘神話的緣分是怎樣的深了。這部書的原著者是英國人，照我的計畫是並不在我的翻譯範圍以內，但是它是關於希臘神話的，而且他的人與文章更使我覺得愛好，所以決心要譯它出來。他是有名的古典學者，是勒布古典叢書的編者之一人，自己譯註有農諾斯（Nonnos）的《狄俄女西阿卡》（*Dionysiaka*）三冊，又通現代希臘語，譯有小說集名曰「在希臘諸島」。他的文章據他小序裡說，是這樣來的：

「這些故事是講給十歲至十二歲的小孩聽過的，因了這些小孩們的批評，意識的或非意識的，都曾得到了許多益處。

這故事講來像是一個連結的整篇的各部分，正如希臘人所想的那麼樣，雖然各人一定的知道他的地方的傳說最是清楚。末了的世系亦於參考上可以有用。這大抵是從赫西俄多斯來的，可是我所利用的古作家，乃是上自荷馬，下至農諾斯。假如我有時候在對話中採用我的想像，那麼荷馬和農諾斯他們也是如此的。」我於書的末尾加上一個附錄，在譯後附記的第五節「關於本書」，有這幾句話：

「這本書因為翻譯過兩遍，所以可以說弄得很有點清楚了。它的好處我可以簡單的舉出兩點來。其一是詼諧。基督教國人講異教的故事，意識的或非意識的表示不敬，以滑稽的形式表現出來，原是可以有的，加上英國人的喜歡幽默，似乎不能算是什麼特別，但是這裡卻有些不同。如四十二節戰神打仗中所說，希臘詩人常對神們開一點玩笑，但他們是一個和氣的種族，也都能好意的接受了。這本是希臘的老百姓的態度，因為自己是如此，所以以為神們也是一樣。著者的友誼的玩笑乃是根據這種人民的詩人的精神和手法而來，自然與清教徒的紳士不是一樣的。其二是簡單。簡單是文章最高的標準，可是很不容易做到。這書裡講有些故事卻能夠達到幾分，說得大一點這是學得史詩的手法，其實民間文學的佳作裡也都是有的。例如第四十四節愛與心的故事，內容頗是複雜，卻那麼剪裁下來，粗枝大葉的卻又疏勁有致，是很不容易的事。又如關於特洛亞的十年戰爭，說起來著實頭緒紛煩，現在只用不和神女的金蘋果等三節就把它結束了，而且所挑選的又是那幾個特別好玩的場面，木馬一段也拋棄了，這種本事實在可以佩服。總之在英美人所做的希臘神話故事書中這一冊實是最好的，理由有如在序文中所說，原著者是深悉神話與希臘兩方面的人，故勝過一般的文學者也。一九四九年十一月一日，在北京記。」

全書約可十五萬字，譯稿自九月十三日起手，至十月廿七日譯成，凡四十五日，其中還有十天休息，可以算是很快了。譯好後仍舊寄給康君，由他轉給文化生活出版社刊行，承李芾甘君賞識，親予校勘，這是很可感謝的。本書的運氣總算要比《希臘女詩人》好得多了，它出過好幾板，銷行總在萬冊以上，這在以前是很不容易達到的。古人有句話，敝帚千金，我雖然沒有這種脾氣，可是對於此書卻不免有這樣感情。我因為以不知為不知，對於文學什麼早已關了門，但是也有知之為知之，這仍舊留著小門不曾關閉，如關於神話是也。所以對於神話什麼的問題，仍然是有些主張發表，在原書出版的第二年即民國廿四年，我寫一篇介紹的文章，裡邊發牢騷說：

「可喜別國的小孩子有好書讀，我們獨無。這大約是不可免的。中國是無論如何喜歡讀經的國度，神話這種不經的東西自然不在可讀之列。還有，中國總是喜歡文以載道的。希臘與日本的神話縱然美妙，若論其意義則其一多是儀式的說明，其他又滿是政治的色味，當然沒有意思，這要當作故事聽，又要講的寫的好，而在中國卻偏偏都是少有人理會的。」現今已是差不多三十年後，情形當然改變了許多了，但是我卻還覺得它印得少，不大有人知道，雖然它的譯文也有缺點，如在譯本序中所說，文句生硬，字義艱深，小學生不容易自己讀懂，這是最大的毛病，有人介紹原書，說自八歲至八十歲的兒童讀了當無不喜歡，我這譯本只好請八十以內的小孩讀了，再去講給八歲以上的小孩聽去吧。寫到這裡，自己不禁苦笑了，再過一兩年真要到八十了，卻還是那樣的喜愛「小人書」，可不是也正是八十歲的小孩，如著者所說，「我常看見小孩們很像那猴子，就只差一條尾巴」麼？

我的工作三

一九五〇年一月承蒙出版總署署長葉聖陶君和祕書金燦然君的過訪，葉君是本來認識的，他這回是來叫我翻譯書，沒有說定什麼書，就是說譯希臘文罷了。過了幾天鄭西諦君替我從中法大學圖書館借來一冊《伊索寓言》，差人送了來，那是希臘文和法文譯本，我便根據了這個翻譯。這就是我給公家譯書的開始。就只可惜在北京找參考書不夠容易，想找別的本子參校一下，或者需用插圖，都無法尋找，就是再板時要用原書覆校一回，卻已無從查訪，因為中法大學的書不知道歸在哪一個圖書館裡了。因此即使明知道那裡有些排錯的地方，卻也無法加以訂正，其實《伊索寓言》的原本在西洋大概是很普通的，很容易得到，不過在我們個人的手頭是沒有罷了。這本商伯利（Chambry）本的《伊索寓言》共計三百五十八則，自三月十三日起至五月八日止，共計兩個月弱，譯的不算怎麼仔細，但是加有註釋六十四條，可以說是還可滿意的。伊索原名埃索坡斯（Aisopos），由於西洋人向來是用羅馬人的拼法，用拉丁字拼希臘文的 Ai 照例是 Ae，又經英國人去讀便一變而為「伊」了，又略掉語尾，所以成為「伊索」。這個譯名大概起於清光緒年間，林琴南初次譯《伊索寓言》的時候，但在這以前卻已有過《意拾蒙引》，於一八四〇年頃在廣東出版，更早則一六二六年也有此書在西安出版，是義人利人金尼閣口述的，書名曰「況義」，共二十二則，跋言況之為言比也，那麼也就是比喻之意。譯本的《關於伊索寓言》裡我有幾句話道：

「《伊索寓言》向來一直被認為啟蒙用書，以為這裡故事簡單有趣，教訓切實有用，其實這是不對的，於兒童相宜的自是一般動物故事，並不一定要是寓言，而寓言中的教訓反是累贅，說一句殺風景的話，所說的多是奴隸的道德，更是不足為訓。」即如譯本中第一百十八則「宙斯與羞恥」，乃以男娼（pornos）為題材，更不是蒙養的適當材料了。不過話又得說回來，如下文所說：

「現在《伊索寓言》對於我們乃是世界的古典文學遺產之一，這與印度的《本生故事》相併，我們從這裡可以看到古來的動物故事，像一切民間文藝一樣，經了時代的淘汰而留存下來，又在所含的教訓上可以想見那時苦辛的人生的影子，也是一種很有價值的寶貴的數據。」希臘的動物故事既然集中於伊索的名下而得到結集了，印度的故事要比希臘更為豐富，因為多數利用為本生談，收在佛經裡邊，中國也早已譯出了，就只差來一番編整工作，輯成一大冊子，不過此乃是別一種勝業，我只能插嘴一句，不是我的事情了。

我譯了《伊索寓言》之後，再開始來重譯《希臘神話》。那即是我在一九三七年的時候為文化基金編譯委員會所譯的，本文四卷已經譯出，後來該會遷至香港，註釋尚未譯全，原稿也就不見了，這回所以又是從頭譯起，計以一年的工夫做成，本文同注各占十萬字以上。這乃是希臘人阿波羅多洛斯（Apollodoros）所著，原書名叫「書庫」（*Bibliothêkê*），據英國人賴忒（F·A·Wright）的《希臘晚世文學史》卷二上說：

「第四種書，也是著作年代與人物不很確實的，是阿波羅多洛斯的《書庫》，希臘神話與英雄傳說的一種綱要，從書冊中集出，用平常自然的文體所寫。福都思主教在九世紀時著作，以為此書著者是雅典文法家，生存於西元前百四十年頃，曾著一書曰『諸神論』，但這已證明非是，我們從文體上考察大抵可以認定是西元一世紀時的作品。在一八八五年以前我們所有的只是這七卷書中之三卷，但在那一年有人從羅馬的梵諦岡圖書館裡得到全書的一種節本，便將這個暫去補足了那缺陷。卷一的首六章是諸神世系，以後分了家系敘述下去，在卷二第十四章中我們遇到雅典諸王，忒修斯在內，隨後到貝羅普斯一系。我們見到特洛亞戰爭前的各事件，戰爭與其結局，希臘各主帥的回家，末後是俄底修斯的漂流。這些都很簡易但也頗詳細的寫出，如有人想要得點希臘神話的知識，很可以勸他不必去管那些現代的參考書，最好還是一讀阿波羅多洛斯，有那茀來則勛爵的上好譯本。」

我所根據的原文便是勒布古典叢書本，裡邊不但附著茀來則的上好譯文，還有很有用的但或者可以看作很繁瑣的註解，這所以使得我的註釋有本文一樣的長，也使得讀者或編輯者見了要皺眉頭的。我在前清丁未（一九〇七）年間將《紅星佚史》譯稿賣給商務印書館的時候，就受過一回教訓，辛辛苦苦的編了希臘埃及的神話的註釋附在後邊，及至出版時卻完全刪掉了。我有那時候的經驗，知道編輯的人是討厭註釋的，這回卻因為原有的注太可佩服了，所以擇要保留了許多，而且必要處自己也添了些進去，雖然我看是必要，然而人家看了總是尾大不掉，非得割去不可了。幸而本書還沒有出世，還不知道情形如何。

茀來則在引言上論阿波羅多洛斯的缺點說的很好，這兩點在他實在乃是二而一的，他說：

「《書庫》可以說是希臘神話及英雄傳說的一種梗概，敘述平易不加修飾，以文藝上所說的為依據，作者並不說採用口頭傳說，在證據上及事實的可能上也可以相信他並不採用，這種幾乎可以確說他是完全根據書卷的了。但是他選用最好的出處，忠實的遵從原典，只是照樣紀述，差不多沒有敢想要說明或調解原來的那些不一致或矛盾。因此他的書儲存著文獻的價值，當作一個精密的記載，可以考見一般希臘人對於世界及本族的起源與古史之信念。作者所有的缺點在一方面卻變成他的長處，去辦成他手裡的這件工作。他不是哲學家，也不是詞章家，所以他編這本書時既不至於因了他學說的關係想要改竄材料，也不會為了文章的作用想要加以藻飾。他是一個平凡的人，他接受本國的傳說，簡直照著字面相信過去，顯然別無什麼疑慮。許多不一致與矛盾他都坦然的敘述，其中只有兩回他曾表示意見，對於不同的說法有所選擇。長庚星的女兒們（Hesperides）的蘋果，他說，並不在呂比亞，如人們所想，卻是在遠北，從北風那邊來的人們的國裡，但是關於這奇怪的果子和看守果子的百頭龍的存在，他似乎還沒有什麼懷疑。」所以他總結的說：「阿波羅多洛斯的《書庫》乃是一個平常人的單調的編著，他重述故事，沒有一點想像的筆觸，沒有一片熱情的光耀，這些神話傳說在古代時候都曾引起希臘詩歌之不朽的篇章，希臘美術之富美的製作來過的。但是我們總還該感謝他，因為他給我們從古代文學的破船裡保留下好些零星的東西，這假如沒有他的卑微的工作，也將同了許多金寶早已無可挽救的沉到過去的不測的大洋裡去了。」

還有一點，雖然沒有表明什麼，他可是一個愛國者。他所蒐集的神話傳說很是廣泛，但是限於希臘，其出於羅馬文人之創造者，雖然沒有說可是不曾採用，保持希臘神話的純粹，這一點是不錯的。我們希望有一冊希臘人自己編的神話書，這部《書庫》可以算是夠得上理想的了。有那理解神話的人再來寫一冊給小孩們看的，如今有了勞斯的書，也可以充數了。我很高興能夠一再翻譯了完成我的心願，至於神話學的研究，那種繁瑣而不通俗的東西，反正世間不歡迎，那麼就可以省事不去弄它吧。

出版總署因為自己不辦出版，一九五一年將翻譯的事移交開明書局去辦，所以這《希臘神話》的譯稿於完成後便交給開明的。六月以後我應開明書店的提示，動手譯希羅多德的《史記》，可是沒有原典，只得從圖書館去借勒布叢書本來應用，到了第二年的一月，開明通知因為改變營業方針，將專門出青年用書，所以希羅多德的翻譯用不著了，計譯至第二卷九十八節遂中止了。

我的工作四

一九五二年「三反運動」已經過去，社會逐漸安定下來，我又繼續搞翻譯工作了。在這困難的期間，我將國民黨所搶剩的書物「約斤」賣了好些，又抽空寫了那兩本《魯迅的故家》等，不過那不是翻譯，所以可無需細說了。自此以後我的工作是在人民文學出版社，首先是幫助翻譯希臘的悲劇和喜劇，這是極重要也是極艱巨的工作，卻由我來分擔一部份，可以說是光榮，但也是一種慚愧，覺得自己實在是「沒有鳥類的鄉村裡的蝙蝠」。我所分得的悲劇是歐裡庇得斯（Euripides）的一部，他共總有十八個劇本流傳下來，裡邊有十三個是我譯的，現今都已出版，收在《歐裡庇得斯悲劇集》三冊的裡邊。希臘悲劇差不多都取材於神話，因此我在這裡又得複習希臘神話的機會，這於我是不無興趣與利益的。這十三部悲劇的本事有五種是根據特洛亞戰爭，兩種是講阿伽曼農王的子兒報仇，就是這戰事的後日談，可以說是特別多了，兩篇是關於赫剌克勒斯的，兩篇是關於「七雄攻忒拜」的，這些都是普通的神話。其中有一篇最是特別，這名為「伊翁」，是篇悲劇而內容卻是後來的喜劇，又一篇名為「圓目巨人」（*Kyklops*），乃是僅存的「羊人劇」，在三個悲劇演完的時候所演出的一種笑劇，這是十分希有而可貴的。

《伊翁》（*Iôn*）是說明一個民族起源的傳說，這個族叫做伊翁族（Iônes），是希臘文化的先進者，據說他們的始祖即是伊翁，是阿波隆的一個兒子。他的母親是雅典古王的女兒，名叫克瑞烏薩（Kreusa，意思即是王女，所以這也就是等於沒有名字），生下來時就被「棄置」了，可是被阿波隆廟裡的女祭師所收養，長大了即成為廟裡的神僕。克瑞烏薩後來嫁了斯巴達的一個君長克蘇託斯，因為沒有子息，同來阿波隆廟裡來求神示。阿波隆告訴他，在他從廟裡出來的時候遇著的那人，就是他的兒子，於是他遇著了伊翁，這樣就承認他是自己的兒子，因為在少年時他有過荒唐的事情，曾經侵犯過一個女子，所以他也相信了，認為這乃是她所生的。克瑞烏薩知道了卻生了氣，又很是妒忌，想用毒藥害死伊翁，被破獲了，事很是危急的時候，那女祭師忽然趕到了，她拿了伊翁被棄置時所穿的衣飾，這才證明他原來乃是克瑞烏薩的兒子，又經雅典娜空中出現，證明一切乃是阿波隆的計策，這個戲劇以故事論實在平凡得很，但是它有幾種特別的地方，很可注意。其一，希臘神話中別處沒有伊翁的記載，這只在歐裡庇得斯劇中儲存下來。其二，歐裡庇得斯在戲劇中對於神們常表示不敬，這是他特有的作風，在本劇中即說阿波隆不負責任的搞戀愛，後來又弄手段將伊翁推給克蘇託斯，末後雅典娜對克瑞烏薩說：

「所以現在不要說，這孩子是你生的，那麼克蘇託斯可以高興的保有著那想像，夫人，你也可以實在的享受著幸福。」

這裡說的很是可笑，因為這裡不但乩示說假話，而且愚弄克蘇託斯，也缺少聰明正直的作風，無怪英國穆雷（G·Murray）說這劇本是挖苦神們的了。其三，這篇故事團圓結末，與普通悲劇不一樣，卻很有後來興起的喜劇的意味。羅念生在《歐裡庇得斯悲劇集》序文裡說：

「《伊翁》寫一個棄兒的故事，劇情的熱鬧，棄兒的證物以及最後的大團圓，為後來的世態喜劇所摹仿。與其說古希臘的『新喜劇』（世態喜劇）來自阿里斯托芬的『舊喜劇』（政治諷刺劇），無寧說來自歐裡庇得斯的新型悲劇。所以歐裡庇得斯對於戲劇發展的貢獻，一方面是創出了悲喜劇，另一方面是為新喜劇鋪好了道路。」

伊翁這個字是由伊翁族引伸過來的，它只把複數變成單數，所以便成為伊翁了。他本來是神的僕人，屬於奴隸一類，本無法定的名字，在未遇見克蘇託斯給他定名之先，原是不該叫做伊翁的。這個名字的意義，是根據從廟裡「出去」（exiôn）時遇見的神示而取的，很顯明的是由於文字的附會，但因了這件故事給新喜劇奠了基礎，卻是很有意思的事，從此被棄置的小孩終於復得，被遺棄的女郎終於成婚，戲曲小說乃大見熱鬧，這個影響一直流傳下來，到了相當近代。

《圓目巨人》是荷馬史詩中有名的一個故事，見於《俄底賽亞》卷九中，俄底修斯自述航海中所遇患難之一。這名字的意思是圓眼睛，但是一隻眼睛而不是兩只，所以是一種怪物，他養有許多羊，卻是喜吃人肉，俄底修斯一行人落在他的手中，被吃了幾個，可是俄底修斯用酒灌醉了他，拿木樁燒紅刺瞎了他的獨眼，逃了出來。這劇裡便敘這件事，但是卻拿一班羊人來做歌隊，故名為羊人劇（Satyros）。羊人本為希臘神話上的小神，與酒神狄俄倪索斯的崇拜有關，是代表自然的繁殖力的，相傳他們是赫耳墨斯的兒子，大概因為他的職司之一是牧羊的緣故吧。羊人的形狀是毛髮蒙茸，鼻圓略微上軒，耳朵上尖，有點像獸類，額上露出小角，後有尾巴像是馬或是山羊，大腿以下有毛，腳也全是羊蹄，與潘（Pan）相似。他們喜歡快樂，愛喝酒，跳舞奏樂，或是睡覺，這些都和他們的首領塞勒諾斯（Seilenos）相像，只是更為懶惰懦弱罷了。他常隨從著酒神，一說他曾撫養教育過酒神，或又說他是羊人的父親。劇中便由他率領著一群羊人，出去救助酒神，因為有一班海盜綁架酒神想把他賣到外國去當奴隸，卻遇風飄到荒島，為圓目巨人所捕，給他服役。這是劇中所以有羊人出現的原因，而本劇就借他們來當歌隊，一群小醜似的腳色帶著一個副淨做首領，打諢插科，僅夠使劇中增加活氣，至於所以必要有羊人出現，則別有緣因在那裡。這是原始戲劇的一種遺留，在當初它和宗教沒有分化的時期，在宗教儀式上演出，以表演主神的受難——死以及復活為主題，每年總是一樣的事，待到漸次分化乃以英雄苦難事跡替代，年年可以有變化，但至少最後一劇也要有些關聯才好。這是說希臘的事，他們那時是崇祀狄俄倪索斯的，羊人恰是他的從者，因此乃聯絡得上了。悲劇是從宗教分化出來的藝術，而在分化中表示出關聯的痕跡的乃是這宗羊人劇了，在這一點上這唯一儲存下來的劇種是很有價值的，但我們離開了這些問題，單當它一個笑劇來看，也是足夠有趣的了。

悲劇以外我也幫譯了一個喜劇，那是阿里斯托芬（Aristophanes，正譯應作阿里斯托法涅斯）的，名叫「財神」（*Ploutos*），收在《阿里斯托芬喜劇集》裡，這是一九五四年刊行給他做紀念的。那是一篇很愉快的喜劇，希臘人相信財神是瞎眼的，所以財富向來分配得不公平，這回卻一下子醫好了眼睛，世上的事情全都翻了過來，讀了很是快意，用不著這裡再來細說。就只是古喜劇裡那一段「對駁」，這是雅典公民熱心民主政治關係，喜歡聽議會法院的議論，在戲劇裡不免近似累贅，這劇中便是主人和窮鬼對辯貧富對於人的好處，除此以外是很值得一讀，因此也就值得譯出來的了。——我找出《喜劇集》來，重複讀一過之後，不禁又提起舊時的一種不快的感覺來。當初在沒有印書之先，本擬把原稿分別發表一些在報刊上，以紀念作者的，這篇《財神》便分配給了《劇本》，這刊物現在早已停辦了，不知為什麼卻終於沒有實行，只在《人民文學》以及《譯文》上邊刊登了兩篇《阿卡奈人》和《鳥》。其實這篇《財神》是夠通俗可喜的，其不被採用大約是別有看法的吧。

我譯歐裡庇得斯悲劇到了第十三篇《斐尼基婦女》，就生了病，由於血壓過高，腦血管發生了痙攣，所以還有一篇未曾譯，結果《酒神的伴侶》仍由羅念生君譯出了。我這病一直靜養了兩年，到了一九五九年的春天我才開始譯書，不過那所譯的是日本古典作品，並不是說日本的東西比希臘為容易，只因直行的文字較為習慣些，於病後或者要比異樣的橫行文字稍為好看一點也未可知，這樣的過了三年，到得今年一月這才又弄希臘文，在翻譯路喀阿諾斯（舊譯為路吉亞諾斯）的對話了。

我的工作五

我翻譯日本的古典文學，第一種是《古事記》。其實我想譯《古事記》的意思是早已有了，不過那時所重的還只在神話，所以當初所擬譯的只是第一卷即是所謂神代卷部分，其二三卷中雖然也有美妙的傳說，如女鳥王和輕太子的兩篇於一年以前曾經譯出，收在《陀螺》裡邊，但是不打算包括在內的。在一百十幾期的《語絲》週刊上登過一篇《漢譯古事記神代卷引言》，乃是一九二六年一月三十日所寫的，說明翻譯這書的意思：

「我這裡所譯的是日本最古史書兼文學書之一，《古事記》的上卷，即是講神代的部分，也可以說是日本史冊中所紀述的最有系統的民族神話。《古事記》成於元明天皇的和銅五年（西元七一二），當唐玄宗即位的前一年，是根據稗田阿禮（大約是一個女人）的口述，經安萬侶用了一種特別文體記下來的。當時的日本還沒有自己的字母，安萬侶就想出了一個新方法，借了漢字來寫，卻音義並用，如他進書的駢體表文中所說，或一句之中交用音訓，或一事之內全以訓錄，不過如此寫法，便變成了一種古怪文體，很不容易讀了。」其實這就是所謂和文，但是它用字母的時候卻拿整個的漢字去代表，並且毫無統一，所以看去像是咒語一樣，但是近世經過國學家的研究與考證，便已漸可了解了。我那時每週翻譯一段落，登在《語絲》上，大約登了十回，卻又中止了，後來在解放以後，介紹世界古典文學的運動發生，日本部分有

《古事記》一書在內，這才又提了起來。承樓適夷君從《語絲》裡把它找了出來，又叫人抄錄見示，其時我大概還在病中，所以又復放下，到一九五九年翻譯復工以後才開始工作，但在那時候我對於日本神話的興趣卻漸以衰退，又因為參考書缺少，所以有點敷衍塞責的意思，不然免不得又大發其註釋癖，做出叫人家頭痛的繁瑣工作來了。這部書老實說不是很滿意的譯品，雖然不久可以出書了，可是我對於它沒有什麼大的期待，就只覺得這是日本的最古的古典，有了漢文譯本了也好，自然最好還是希望別人有更好的譯本出現。

譯得不滿意的不但是這一種《古事記》，有些更是近代的作品，也譯得很不恰意，這便是石川啄木的詩歌。其實他的詩歌是我所頂喜歡的，在一九二一年的秋天我在西山養病的時候，曾經譯過他的短歌二十一首，長詩五首，後來收在《陀螺》裡邊。當時有一段說明的話，可以抄在這裡，雖然是三十年前的舊話了，可是還很確當：

「啄木的著作裡邊小說詩歌都有價值，但是最有價值的還要算是他的短歌。他的歌是所謂生活之歌，不但是內容上注重實生活的表現，脫去舊例的束縛，便是在形式上也起了革命，運用俗語，改變行款，都是平常的新歌人所不敢做的。他在一九一〇年末所做的一篇雜感裡，對於這些問題說得很清楚，而且他晚年的（案啄木只活了二十七歲，在一九一二年就死了）社會思想也明白的表示出來了。

『我一隻手臂靠在書桌上，吸著紙煙，一面將我的寫字疲倦了的眼睛休息在擺鐘的指標上面。我於是想著這樣的事情。——凡一切的事物，倘若在我們感到有不便的時候，我們對於這些不便的地方可以不客氣的去改革它。而且這樣的做正是當然的，我們並不為別人的緣故而生活著，我們乃是為了自己的緣故而生活著的。譬如在短歌裡，也是如此。我們對於將一首歌寫作一行的辦法，已經覺得不便，或者不自然了，那麼便可以依了各首歌的調子，將這首歌寫作兩行，那首歌寫作三行，就是了。即使有人要說，這樣的辦反要將歌的那調子破壞了，但是以前的調子，它本身如既然和我們的感情並不能翕然相合，那麼我們當然可以不要什麼客氣了。倘若三十一字這個限制有點不便，大可以盡量的去做增字的歌。（案日本短歌定例三十一字，例外增加字數通稱為字餘。）至於歌的內容，也不必去聽那些任意的拘束，說這不像是歌，或者說這不成為歌，可以別無限制，只管自由的說出來就好了。只要能夠這樣，如果人們懷著愛惜那在忙碌的生活之中，浮到心頭又復隨即消去的剎那剎那的感覺之心，在這期間歌這東西是不會滅亡的。即使現在的三十一字變成了四十一字，變成了五十一字，總之歌這東西是不會滅亡的。我們因了這個，也就能夠使那愛惜剎那剎那的生命之心得到滿足了。

我這樣想著，在那秒針正走了一圈的期間，凝然的坐著，我於是覺得我的心漸漸的陰暗起來了。——我所感到不便的，不僅是將一首歌寫作一行這一件事情。但是我在現今能夠如意的改革，可以如意的改革的，不過是這桌上的擺鐘硯台墨水瓶的位置，以及歌的行款之類罷了。說起來，原是無可無不可的那些事情罷了。此外真是使我感到不便，感到苦痛的種種的東西，我豈不是連一個指頭都不能觸它一下麼？不但如此，除卻對於它們忍從屈服，繼續的過那悲慘的二重生活以外，豈不是更沒有別的生於此世的方法麼？我自己也用了種種的話對於自己試為辯解，但是我的生活總是現在的家族制度，階級制度，資本制度，知識賣買制度的犧牲。

我轉過眼來，看見像死人似的被拋在席上的一個木偶。歌也是我的悲哀的玩具罷了。』」

啄木的短歌集只有兩冊，其一是他在生前出版的，名曰「一握砂」，其二原名「一握砂以後」，是在他死後由他的友人土岐哀果給他刊行，書名改為「可悲的玩具」了。他的短歌是所謂生活之歌，與他的那風暴的生活和暗黑的時代是分不開的，幾乎每一首歌裡都有它的故事，不是關於時事也是屬於個人的。日本的詩歌無論和歌俳句，都是言不盡意，以有餘韻為貴，唯獨啄木的歌我們卻要知道他歌外附帶的情節，愈詳細的知道便愈有情味。所以講這些事情的書在日本也很出了些，我也設法弄一部分到手，盡可能的給那些歌做註釋，可是印刷上規定要把小注排在書頁底下，實在是沒有地方，那麼也只好大量的割愛了。啄木的短歌當初翻譯幾首，似乎也很好的，及至全部把它譯出來的時候，有些覺得沒有多大意思，有的本來覺得不好譯，所以擱下了，現在一古腦兒譯了出來，反似乎沒有什麼可喜了。這是什麼緣故呢，大概就是由於上述的情形吧？

我的工作六

但是在翻譯中間也有比較覺得自己滿意的，這有如式亭三馬的滑稽本《浮世風呂》，譯本名「浮世澡堂」，和《浮世床》，譯本名「浮世理髮館」。前者已於一九五八年出版，只譯出了初二兩編四卷，因為分別敘述女澡堂和男澡堂兩部分的事，以為足夠代表了，還有三四編共五卷，譯註太是麻煩，所以不曾翻譯，想起來很覺得可惜。後者則於一九五九年譯成，凡兩編五卷，乃是全書，只是尚未出版。關於這書我曾於一九三七年二月寫過一篇《浮世風呂》，收在《秉燭談》裡邊，有這樣的幾句話：

「偶讀馬時芳所著《樸麗子》，見卷下有一則云：

『樸麗子與友人同飲茶園中，時日已暮，飲者以百數，坐未定，友亟去。既出，樸麗子曰，何亟也？曰，吾見眾目亂瞬口亂翕張，不能耐。樸麗子曰，若使吾要致多人，資而與之飲，吾力有所不給，且不免酬應之煩，今在坐者各出數文，聚飲於此，渾貴賤，等貧富，老幼強弱，樵牧廝隸，以及遐方異域，黥劓徒奴，一杯清茗，無所參異，用解煩渴，息勞倦，軒軒笑語，殆移我情，吾方不勝其樂而猶以為飲於此者少，子何亟也。友默然如有所失。友素介特絕俗，自是一變。』這篇的意思很好，我看了就聯想起戶川秋骨的話來，這是一篇論讀書的小文，其中有云：

『哈理孫告戒亂讀書的人說，我們同路上行人或是酒店遇見不知何許人的男子便會很親近的講話麼，誰都不這樣做，唯獨在書籍上邊，我們常同全然無名而且不知道是那裡的什麼人會談，還覺得很高興。但是我卻以為同在路上碰見的人，在酒店偶然同坐的人談天，倒是頂有趣，從利益方面說也並不很少的事。我想假如能夠走來走去隨便與遇著的人談談，這樣有趣的事情恐怕再也沒有吧。不過這只是在書籍上可以做到，實際世間不大容易實行罷了。《浮世床》與《浮世風呂》之所以為名著豈不即以此故麼？』」這話說的很對，《浮世風呂》是寫澡堂裡的事情，就女堂和男堂兩部分，記述各人的談話，寫日常平凡的事情，雖然不能構成複雜的小說，卻別有一種特色，為普通小說所沒有的，這便是上文所謂軒軒笑語，殆移我情者是也。《浮世床》則是寫理髮館的，在明治維新以前，日本男子都留一部分頭髮，梳著椎髻，這須得隨時加以梳理，而且隨便出入，沒有像澡堂的進去必須洗澡的規定，所以那時成為一種平民的俱樂部，無事時走去聊天上下古今的說一通，它的缺點是隻有男子，因為女子另外有專門的梳頭婆上門去給她們梳，所以這裡的描寫稍為冷靜一點。在《江戶時代戲曲小說通志》上堀舍次郎批評得不錯，他說：

「文化六年（一八〇九）所出的《浮世風呂》是三馬著作中最有名的滑稽本。此書不故意設奇以求人笑，然詼諧百出，妙想橫生，一讀之下雖髯丈夫亦無不解頤捧腹，而不流於野鄙，不陷於猥褻，此實是三馬特絕的手腕，其所以被稱為斯道之泰者蓋正以此也。」

我在寫那篇文章二十年之後，能夠把三馬的兩種滑稽本譯了出來，並且加了不少的註解，這是我所覺得十分高興的事。還有一種《日本落語選》，也是原來日本文學中選定中的書，叫我翻譯的，我雖然願意接受，但是因為譯選為難，所以尚未能見諸事實。落語是一種民間口演的雜劇，就是中國的所謂相聲，不過它只是一個人演出，也可以說是說笑話，不過平常說笑話大抵很短，而這個篇幅較長，需要十分鐘的工夫，與說相聲差不多。長篇的落語至近時才有紀錄，但是它的歷史也是相當的悠久的，有值得介紹的價值。可是它的材料卻太是不好辦了，因為這裡邊所講的不是我們所不大理解的便是不健康的生活。一九〇九年森鷗外在《性的生活》裡有一段文章，說落語家的演技的情形道：

「剛才饒舌著的說話人起來彎著腰，從高座的旁邊下去了。隨有第二個說話人交替著出來，先謙遜道：人是換了卻也換不出好處來。又作破題道：爺們的消遣是玩玩窯姐兒。隨後接著講一個人帶了不懂世故的青年，到吉原（公娼所在地）去玩的故事。這實在可以說是吉原入門的一篇講義。我聽著心裡佩服，東京這裡真是什麼知識都可以抓到的那樣便利的地方。」落語裡的數據最是突出而有精彩的，要算吉原的「倌人」（Oiran），俗語也就是窯姐兒，其次就是專吃鑲邊酒的「幫閒」了，否則是那些壽頭碼子的土財主。有些很好的落語，如《挑人》（Omitate）或是《魚乾盒子》（Hoshimono Hako），都因此而擱淺，雖然考慮好久，卻終於沒有法子翻譯。這一件事，因事實困難只好中止，在我卻不能不說是一個遺恨了。

此外關於日本狂言的翻譯，也是一件高興的事。民國十五年（一九二六）我初次出版了一冊《狂言十番》，如這書名所示裡邊共包含狂言的譯文十篇。到了一九五四年我增加了十四篇，易名為「日本狂言選」，由人民文學出版社刊行，算是第二次板本。第三次又有一回增補，尚未出版，唯譯稿已於一九六〇年一月送出，除增加三十五篇計十二萬字，連舊有共五十九篇約二十八萬字。此次增補系應出版社的囑託，命將蘇聯譯本的「狂言」悉收容在裡邊，經查對俄譯本三十九篇中有五篇已經有譯文，乃將餘下的三十四篇一一按照篇目譯出補齊，又將額外指定的一篇《左京右京》也翻譯了，這才交了卷。狂言的翻譯本是我願意的一種工作，可是這回有一件事卻於無意中做的對了，這也是高興的事。我譯狂言並不是隻根據最通行的《狂言記》本，常找別派的大藏流或是鷺流的狂言來看，採用有趣味的來做底本，這回看見俄譯本是依據《狂言記》的，便也照樣的去找別本來翻譯，反正只要是這一篇就好了。近來見日本狂言研究專家古川久的話，乃知道這樣的辦是對的，在所著《狂言之世界》附錄二《在外國的狂言》中說：「據市河三喜氏在《狂言之翻譯》所說，除了日本人所做的書以外，歐譯狂言的總數達於三十一篇，但這些全是以《狂言記》為本的。新加添的俄文譯本，也是使用有朋堂文庫和日本文學大系的，那麼事情還是一樣。只有中國譯本參照《狂言全集》的大藏流，和《狂言二十番》的鷺流等不同的底本。」他這裡所說的乃是《狂言十番》，我的這種譯法始於一九二六年，全是為的擇善而從，當時還並未知道《狂言記》本為不甚可靠也。

一九六〇年起手翻譯《枕之草紙》，這部平安時代女流作家的隨筆太是有名了，本來是不敢嘗試，後來卻勉強擔負下來了，卻是始終覺得不滿意，覺得是超過自己的力量的工作。一九二三年寫《歌詠兒童的文學》這篇文章時，曾經抄譯過一節，但是這回總覺得是負擔過於重大了，過於譯《古事記》的時候。一九六一年又擔任校閱別人譯的《今昔物語》，這也是大工作，可是我所用的乃是一部巖波文庫本，這與譯者所根據的不是一樣的本子，這又給予我們以不必要的紛岐。隨後這樣不很愉快的工作完結了，乃能回過來再做希臘的翻譯，這雖然比較更是繁難一點，但是這回所譯的乃是路喀阿諾斯（Lukianos）的對話集，是我向來決心要翻譯的東西，所以是值得來努力一番的。以炳燭的微光，想擔負這工作，似乎未免太不自量了，不過耐心的幹下去，做到哪裡是哪裡，寫成功了一篇，重複看一遍，未始不是晚年所不易得的快樂。這人生於西元二世紀初，做了許多對話體的文章，但他不是學柏拉圖去講哲學，卻是模仿生在西元前三世紀的犬儒墨涅波斯（Menippos）做了來諷刺社會，這是他的最大的特色。我以前將他的名字寫作路吉亞諾斯，從英文譯出過他的兩篇文章，便是《冥土旅行》和《論居喪》，這回卻有機會把它來直接改譯，這實在是很好的幸運，現在最近已經譯出《卡戎》和《過渡》兩長篇，後者即是《冥土旅行》，至於那位卡戎，也是與那旅行有關係的人，便是從前譯作哈隆，渡鬼魂往冥土者也。

拾遺甲

小引

這裡要感謝曹聚仁先生，他勸我寫文章，要長一點的，以便報紙上可以接續登載，但是我有什麼文章可寫呢？從前有過這樣一句話，凡是自己所不了解的東西，便都不能寫，話說過有好多年了，但是還想遵守著它。可是現在要問什麼東西是我所了解的呢，這實在是沒有。我躺著思索，那麼怎麼辦呢，一身之外什麼都沒有，有什麼東西可寫呢？這時候忽爾恍然大悟，心想「有了」，這句話如說出來時簡直像阿基末得在澡堂的一聲大叫了！因為我是小時候學過做八股的，懂得一點虛虛實實的辦法，想到一身之外沒有辦法，那麼我們不會去從一身之內著想麼？我一生所經歷的事情，這似乎只有我知道得最清楚，然則豈不是頂適當的材料了麼？

材料是有了，但是怎麼寫呢？平常看那些名士文人的自敘傳或懺悔錄，都是文情俱勝，華實並茂，換句話說就是詩與真實調和得好，所以成為藝術的名著，如義大利的契利尼，法國的盧梭，俄國的托爾斯泰等。近來看到日本俳人芭蕉的旅行記，這是他有名的文章，裡邊說及在市振地方，客棧裡遇著兩個女人，乃是妓女，聽見她們夜裡談話，第二天出發請求同行，說願以法衣之故發大慈悲，賜予照顧，（芭蕉其時蓋是僧裝）以自己也行止無定謝絕了，但是很有所感，當時做了一句俳句道：

「在同一住家裡也睡著遊女，——胡枝子和月亮。」還說道：「告訴了曾良，把它紀錄了。」曾良是芭蕉的弟子，和他一起旅行的，也是個俳人，近來他的旅行日記也發見了，可是卻沒有記著這一條。他的日記也記的很是仔細，說芭蕉在市振左近的河裡把衣服弄溼了，曬了好一會兒，記的很詳細，卻不見有遊女同宿這件事，也並不紀錄著那一首俳句。這是怎麼的呢？芭蕉研究者荻原井泉水解說得好，他說我們以前不知道，種種揣摩臆測，附會解釋，實在上了芭蕉的當，要知道這不是普通的紀行文，乃是紀行文體的創作，以文學作品實是不朽的名著。這話實在是不錯的，後世有人指摘盧梭和托爾斯泰的不實，契利尼有人甚至於說他好說誑話大話，然而他們的著作不愧為不朽，因為那是裡邊的創作部分，也就是詩。西洋的詩字的原義即是造作，有時通用於建築，那即是使用實物的材料，從無生出有來，所以詩人的本領乃是了不得的。古代有些作者很排斥詩人，聽說柏拉圖的理想國裡不讓他們進去，後來路喀阿諾斯便專門譭謗他們造謠，把荷馬史詩說成全是誑話，這是不足為奇的事。十九世紀的王爾德很嘆息浪漫思想的不振，寫一篇文章曰「說誑的衰頹」，即是說沒有詩趣，我們鄉下的方言謂說誑曰「講造話」，這倒是與做詩的原意很相近的。要有詩趣便只好說誑，而這說誑卻並無什麼壞意思，只是覺得這樣說了於文章上更有意思，或是當初只是幻想著，後來卻彷彿成為事實，便寫了進去，與小孩子的誑話有點相同，只要我們讀者知道真實裡還有詩，便同荻原一樣感覺又上了作者的一個大當，承認自己是個傻子，這也就好了。

我在這裡說了一大篇的廢話，目的何在呢？那無非想來說明回想錄不是很好寫的東西，可是讀回想錄也並不是怎麼容易的一件事情。回想錄要想寫的好，這就需要能懂得做詩，即使不是整個是詩人，也總得有幾分詩才，才能夠應付豫如。但是關於這個問題，我卻是碰了壁。我平常屢次宣告，對於詩我是不懂的，雖然明知是說誑話的那些神話，傳說童話一類的東西，卻是十分有興趣。現在因為要寫回想錄，卻是條件不夠，那麼怎麼好呢？——我想，這也是容易辨的。好的回想錄既然必須具備詩與真實，那麼現在是隻有真實而沒有詩，也何妨寫出另一種的回想錄來，或者這是一種不好的回想錄亦未可知。一個平凡人一生的記錄，適用平凡的文章記了下來，裡邊沒有什麼可取的，就只是依據事實，不加有一點虛構和華飾，與我以前寫《魯迅的故家》時一樣，過去八十年間的事情只有些缺少而沒有增加，這是可以確說的。現在將有些零碎的事情，當時因為篇幅長短關係，不曾收入在內的，就記憶所及酌量補記，作為拾遺加在後邊。

拾遺乙

兒時

兒時的事情在上面記得很不多，因為十歲以前的事差不多都已忘記了，現在只就記得的零星小事寫下一點來，不過這也不是自己記得，只是大人們傳說下來的就是了。其中頂早的一件事，大約是在我三四歲的時候，因為妹子端姑生於光緒丁亥（一八八七）年，不到一週歲便因天花死去了，而這件事卻在夏天，所以可能還是在丁亥年裡。據說她那時一個人躺在那裡，雙腳亂蹬，我看見覺得太可愛了，小腳趾頭像是豌豆似的，便拿來咬了一口，她就哭了起來，大人跑來看才知是那麼一回事，後來便被傳作話柄。隨後她得了天花，當初情形很好，忽然發生變怪，我的病好轉而她遂以不起，這雖然不是我自己所能做主的事情，在長大以後總覺得很抱歉似的，彷彿是她代我死了，——老實說，假如先母有一個女兒，她的生活要幸福的多，不過那是人力以上的事情，多說也別無什麼用處了。

第二件是自己記得的，不是大人們告訴我的事情，所以一直在後，大約是八歲以前，總之是祖父還沒有從北京回去，父親還住在「堂前」的西邊房裡時候的事情。那時在朝北的套房裡，西向放著一張小床，這也有時是魯迅和我玩耍的地方，記得有一回模仿演戲，兩個人在床上來回行走，演出兄弟失散，沿路尋找的情狀，一面叫著大哥呀賢弟呀的口號，後來漸漸的叫得淒苦了，這才停止。此後還演些戲，不過不是在這裡了，時期也還要再遲幾年，是往三味書屋讀書以後的事，從前在《兒童劇》的序裡有一節云：

「那時所讀的是《中庸》和唐詩，當然不懂什麼，但在路上及塾中得到多少見聞，使幼稚的心能夠建築起空想的世界來，慰藉那憂患寂寞的童年，是很可懷念的。從家裡到塾中不過隔著十幾家門面，其中有一家的主人頭大身矮，家中又養著一隻不經見的山羊，（後來才知道這是養著厭禳火災的）便覺得很有一種超自然的氣味。同學裡面有一個身子很長，雖然頭也同常人一樣的大，但是在全身比例上就似乎很小了。又有一個本家長輩，因為吸雅片煙的緣故，聳著兩肩，彷彿在大衫底下橫著一根棒似的。這幾個現實的人，在那時看了都有點異樣，於是拿來戲劇化了，在有兩株桂花樹的院子裡扮演這日常的童話劇。『大頭』不幸的被想像做凶殘的巨人，帶領著山羊，占據了巖穴，擾害別人，小頭和聳肩的兩個朋友便各仗了法術去征服他：小頭從石窟縫裡伸進頭去窺探他的動靜，聳肩等他出來，只用肩一夾，就把他裝在肩窩裡捉了來了。這些思想儘管荒唐，而且很有唐突那幾位本人的地方，但在那時覺得非常愉快，用現代的話來說明，演著這劇的時候實在是得到充實的生活的少數瞬時之一。我們也扮演喜劇，如『打敗賀家武秀才』之類，但總是太與現實接觸，不能感到十分的喜悅，所以就經驗上來說，這大頭劇要算第一有趣味了。」

現在再退回去講那小床，因為這事與「射死八斤」的漫畫有關，而「射死八斤」的畫又與小床有密切的關係的。從前在《魯迅的故家》裡曾經說過，本家誠房的房客李楚材，帶著一家沈姓親戚，大概是個寡婦，生活似乎頗清苦，有三個小孩，男孩名叫八斤，女孩是蘭英與月英，年紀大抵五六歲吧，夏天常常光身席地坐。《故家》的第二十五節裡講「射死八斤」的事，今抄錄於下：

「八斤那時不知道是幾歲，總之比魯迅要大三四歲吧，衣服既不整齊，夏天時常赤身露體，手裡拿著自己做的釘頭竹槍，跳進跳出的亂戳，口裡不斷的說，『戳伊殺，戳伊殺！』這雖然不一定是直接的威嚇，但是這種示威在小孩子是忍受不住的，因為家教禁止與別家小孩打架，氣無可出，便來畫畫，表示反抗之意。魯迅從小就喜歡看花書，也愛畫幾筆，雖然沒有後來畫活無常那樣好，卻也相當的可以畫得了。那時東昌坊口通稱鬍子的雜貨店中有一種荊川紙，比毛邊更薄而白，大約八寸寬四寸高，對折訂成小冊，正適合於抄寫或繪畫。在這樣的冊子上面，魯迅便畫了不少的漫畫，隨後便塞在小床的墊被底下，因為小孩們沒有他專用的抽屜。有一天，不曉得怎麼的被伯宜公找到了，翻開看時，好些畫中有一幅畫著一個人倒在地上，胸口刺著一枝箭，上有題字曰射死八斤。他叫了魯迅去問，可是並不嚴厲，還有點笑嘻嘻的，他大概很了解兒童反抗的心理，所以並不責罰，結果只是把這頁撕去了。此外還有些怪畫，只是沒有題字，所以他也不曾問。」

這裡我想來把那怪畫說明一下子，因為這一件事如果不加說明，就此付之不問，也是怪可惜的。這是那本荊川紙小冊子中所有的一頁，畫著一個小人兒手裡提了一串東西，像是鄉下賣麻花油條的用竹絲穿著。當時伯宜公也一定看了以為是畫賣麻花的吧，若問是什麼時我想也是這樣的回答。可是這實在乃是怪畫，是賣淫的一種童話化的畫。鄉下這種不雅馴的話很是普通，所謂倚門賣笑俗語便稱曰賣必，但是怎麼賣法在小兒心中便是疑問，意謂必是像桃子杏子似的一個個的賣給人，於是便加以童話化，從水果攤裡鍘甘蔗得到暗示，隨割隨長，所以可以賣去好幾個一串。這種初看似猥褻而實是天真爛漫的思想，不曉得是從哪裡來的，現在想起來也有點不可思議，可是卻是實在的事，從前寫「射死八斤」的時候原想寫進去，終於擱下了，現在又記了起來，覺得不寫很是可惜，所以把它記在這裡了。

拾遺丙

杭州

上邊第十四至十七章寫過杭州與花牌樓的事情，這回找出舊稿《五十年前之杭州府獄》一篇，有些地方似乎可以作為補遺，因抄錄於後：

「一八九六年即前清光緒二十二年九月，先君去世，我才十二歲。其時祖父以科場事系杭州府獄，原來有姨太太和小兒子隨侍，那即是我的叔父，卻比我只大得兩三歲，這年他決定往南京進水師學堂去，祖父便叫我去補他的缺，我遂於次年的正月到了杭州。我跟了祖父的姨太太住在花牌樓的寓裡，這是牆門內一樓一底的房屋，樓上下都用板壁隔開，作為兩間，後面有一間披屋，用作廚房，一個小天井中間隔著竹笆，與東鄰公分一半。姨太太住在樓上前間，靠窗東首有一張鋪床，便是我的安歇處，後間樓梯口住著台州的老媽子。男僕阮元甫在樓下歇宿，他是專門伺候祖父的，一早出門去，給祖父預備早點，隨即上市買菜，在獄中小廚房裡做好了之後，送一份到寓裡來，(寓中只管煮飯)等祖父吃過了午飯，他便又飄然出去上佑聖觀坐茶館，順便買些雜物，直到傍晚才回去備晚飯，上燈後回寓一徑休息，這是他每日的刻板行事。他是一個很漂亮，能幹而又很忠實的人，家在浙東海邊，只可惜在祖父出獄以後一直不曾再見到他，也沒有得到他的訊息。

我在杭州的職務是每隔兩三日去陪侍祖父一天之外，平日自己『用功』。樓下板桌固然放著些經書，也有筆硯，三六九還要送什麼起講之類去給祖父批改，但是實在究竟用了什麼功，只有神仙知道，自己只記得看了些閒書，倒還有點意思，有石印《閱微草堂筆記》，小本《淞隱漫錄》，一直後來還是不曾忘記。我去看祖父，最初自然是阮元甫帶領的，後來認得路徑了，就獨自前去。走出牆門後往西去，有一條十字街，名叫塔兒頭，雖是小街卻頗有些店鋪，似乎由此往南，不久就是銀元局，此後的道路有點模糊了，但走到杭州府前總之並不遠，也不難走。府署當然是朝南的，司獄署在其右首，大概也是南向。我在杭州住了兩年，到那裡總去過有百餘次，可是這署門和大堂的情形如何卻都說不清了，或者根本沒有什麼大堂也未可知，只記得監獄部分，入門是一重鐵柵門，推門進去，門內坐著幾個禁卒，因為是認識我的，所以什麼也不問，我也一直沒有打過招呼。拐過一個灣，又是一頭普通的門，通常開著，裡邊是一個院子，上首朝南大概即是獄神祠，我卻未曾去看過，只顧往東邊的小門進去，這裡面便是祖父所居住的小院落了。門內是一條長天井，南邊是牆，北邊是一排白木圓柱的柵欄，柵欄內有狹長的廊，廊下並排一列開著些木門，這都是一間間的監房。大概一排有四間吧，但那裡只有西頭的一間裡祖父住著，隔壁住了一個禁卒，名叫鄒玉，是個長厚的老頭兒，其餘的都空著沒有人住。房間四壁都用白木圓柱做成，向南一面上半長短圓柱相間，留出空隙以通風日，用代窗戶，房屋寬可一丈半，深約二丈半，下鋪地板，左邊三分之二的地面用厚板鋪成炕狀，很大的一片，以供坐臥之用。祖父的房間裡的布置是對著門口放了一張板桌和椅子，板炕上靠北安置棕棚，上掛蚊帳，旁邊放著衣箱。中間板桌對過的地方是幾疊書和另用什物，我的坐處便在這台上書堆與南窗之間。這幾堆書中我記得有廣百宋齋的四史，木板《綱鑒易知錄》，《五種遺規》，《明季南略》、《北略》，《明季稗史彙編》，《徐靈胎四種》，其中只有一卷道情可以懂得。我在那裡坐上一日，除了遇見廊下炭爐上燉著的水開了，拿來給祖父沖茶，或是因為臨時加添了我一個人使用，便壺早滿了，提出去往小天井的盡頭倒在地上之外，總是坐著翻翻書看，顛來倒去的就是翻弄那些，只有四史不敢下手罷了。祖父有時也坐下看書，可是總是在室外走動的時候居多，我亦不知道是否在獄神祠閒坐，總之出去時間很久，大概是同禁卒們談笑，或者還同強盜們談談，他平常很喜歡罵人，自呆皇帝昏太后（即是光緒和西太后）起頭一直罵到親族中的後輩，但是我卻不曾聽見他罵過強盜或是牢頭禁子。他常講罵人的笑話，大半是他自己編造的，我還記得一則講教書先生的苦況，云有人問西席，聽說貴東家多有珍寶，先生諒必看到一二，答說我只知道有三件寶貝，是豆腐山一座，吐血雞一隻，能言牛一頭。他並沒有給富家坐過館，所以不是自己的經驗，這只是替別人不平而已。

杭州府獄中強盜等人的生活如何，我沒有看到，所以無可說，只是在室內時常可以聽見腳鐐聲響，得以想像一二而已。有一回，聽見很響亮的鐐聲，又有人高聲念佛，向外邊出去了。不一會聽禁卒們傳說，這是台州的大盜提出去處決，他們知道他的身世，個人性格，大概都了解他，剛才我所聽得的這陣聲響，似乎也使他們很感到一種感傷或是寂寞，這是一件事實，頗足以證明祖父罵旁人而不罵強盜或禁卒，雖然有點怪僻，卻並不是沒有道理的了。在這兩三年之後，我在故鄉一個夏天乘早涼時上大街去，走到古軒亭口，即是後來清政府殺秋瑾女士的地方，店鋪未開門，行人也還很稀少，我見地上有兩個覆臥的人，上邊蓋著破草席，只露出兩只腳在外，——可以想見上邊是沒有頭的，此乃是強盜的腳，是在清早處決的。我看這腳的後跟都是皴裂的，是一般老百姓的腳。我這時候就又記起台州大盜的事來。我有一個老友，是專攻倫理學的，也就是所謂人生哲學的，他有一句詩云，盜賊漸可親，上句卻已不記得，覺得他的這種心情我可以了解得幾分，實在是很可悲的。這所說的盜賊與《水滸傳》裡的不同，《水滸》的英雄們原來都是有飯吃的，可是被逼上樑山，搞起一套事業來，小小的做可以占得一個山寨，大大的則可以弄到一座江山，劉季朱溫都是一例。至於小盜賊只是饑寒交迫的老百姓鋌而走險，他們搞的不是事業而是生活，結果這條路也走不下去，卻被領到『清波門頭』，（這是說在杭州的話）簡單的解決了他的生活的困難。清末革命運動中，浙江曾經出了一個奇人，姓陶號煥卿，在民國初年為蔣介石所暗殺了。據說他家在鄉下本來開著一爿磚瓦鋪，可是他專愛讀書與革命運動，不會經管店務，連石灰裡的梗灰與市灰的區別都不知道。他的父親便問他說，你搞那什麼革命那麼為的是啥呢？他答說，為的要使得個個人有飯吃。他父親聽了這話，便不再叫管店，由他去流浪做革命運動去了，曾對人家說明道，他要使得個個人都有飯吃，這個我怎好去阻當他。這真是一個革命佳話。我想我的老友一定也有此種感想，只是有點趨於消極，所以我說很可悲的，不過如不消極，那或者於他又可能是有點可危了吧。」

說到了杭州，我想把祖父的姨太太的事情也在這裡補說幾句，做個結束。她姓潘，據叔父伯升小時候說，她名叫大鳳，但也沒有別的證據。她的為人說不出有什麼好壞，雖然家裡的風暴普通總歸罪於她，這實在也給予祖母母親以無限的苦惱，所以大家的怨恨是無怪的。但是由我看來，以平常的婦女處在特殊的環境裡，總會有這種的情形，這是多妻的男子的責任，不能全怪被迫做妾的人，以一個普通的女人論，我覺得是並無特別可以非難的地方。她比祖父大概要年小三十歲以上，光緒甲辰（一九〇四）祖父以六十八歲去世，她那時才只三十六七歲，照道理說本來是可以放她出去了，但是這沒有做到，到得後來有點不安於室，祖母這才讓她走了。當時有些檔案偶爾儲存下來，便抄錄一點在下面，一張是手諭，一張是筆據，手諭是依了草稿錄下來的。

「主母蔣諭妾潘氏，頃因汝嫌吾家清苦，情願投靠親戚，並非虛言，嗣後遠離家鄉，聽汝自便，絕不根究，汝可放心，即以此諭作憑可也。

宣統元年十二月初八日，主母蔣諭。」

「立筆據妾潘氏，頃因情願外出自度，無論景況如何，終身不入周家之門，決無異言。此據。

宣統元年十二月初八日，立筆據妾潘氏，

代筆周芹侯押。」

我以前做過三首花牌樓的詩，末一首是紀念花牌樓的諸婦女的，裡邊也講到潘姨太太，有這幾句話道：

「主婦生北平，髫年侍祖父。嫁得窮京官，庶幾尚得所。應是命不猶，適值暴風雨。中年終下堂，漂泊不知處。」聊為她作紀念。

拾遺丁

大姑母

族叔冠五，原來號日官五，因為名是鳳紀，取以鳥紀官的故典，後來以同音字取筆名日觀魚，著有一冊《回憶魯迅房族和社會環境三十五年間的演變》，裡邊有一節文章，可以補我這裡的不足，即是講大姑母的。今轉錄於後：

「介孚公有一個女兒，乳名叫做『德』的，我叫她德姊姊，她是介孚公的先室孫老太太所出，蔣老太太是她的繼母。介孚公相攸過苛，高來不就，低來不湊，以致耽誤了婚期。紹地有一種壞風俗，對年長待字的閨女，不研究因何貽誤的原因，凡是年逾二十以外，概日之為『老大姑娘』，對老大姑娘的估價都認為無論是何原因總或多或少的有其缺點。要挽人做媒就只好屈配填房，要想元配那就無人問津。俞鳳岡斷弦敢於挽媒求配，也就是根據這一習俗。因此這位德姑太太以延誤過久，終於許給吳融村一個姓馬的做了填房。德姑太太雖非蔣老太太所出，像幽默和詼諧也都一模一樣。有一年三伏天她上城來拜她生母的忌日，這天氣候特別惡劣，午飯後已殷殷其雷。她每次來城雖是當天往返，時間侷促，但每來總必到我家和藕琴公說長道短並夾雜些笑談。這天午飯後她又照例來了，藕琴公因為天氣太壞，勸她今天不必返鄉，防的路上危險，她幼小又有怕雷電的毛病，況且雷聲已在響著。她聽藕琴公的勸告，回來對蔣老太太說了，蔣老太太不知怎的忽然說：『九叔（她呼藕琴公為九叔）這末說嗎，九叔的話不會錯的，那末今天鄉下河港裡不會再有船了。』或者是她幽默老調，德姑太太多了心，認為話頭不對，忙說：『我一定要回去的。』蔣老太太又重述了一句說：『九叔叫不要去，你怎麼能去呢？』德姑太太也斬釘截鐵的說：『我一定要回去的。』說畢又來我家轉了一轉，把蔣老太太的所說也匆匆的告了藕琴公，我父又再三勸止，她恨恨的說就死也得去，說罷就出門下船去了。沒有多久，天大雷雨以風，雷震電疾，風狂雨暴，晦黑如夜，煞是可怕，大家都為德姑太太耽憂，到了傍晚噩耗來了，她竟在恐惶中於船隻簸動時不自主的顛出船舷落水而死，屍身直至次日方才撈起。族中多有人說，要是她生母健在，哪會放她回去，足見後母對前出子女的漠不關心。其實蔣老太太是完全出之於幽默，德姑太太介意發生誤會，意外的遭遇都不為大家所逆料耳。不過有了前娘後母的關鍵，人們總不免有猜測迷胡。

德姑太太嫁給馬家做填房時，偏偏先室也遺有一個兒子，那末德姑太太不容分說被擁上後母的稱號，她對前子的情況如何，我們不了解，可是因看潮曾在她家被留住了好幾天，在這時我所接觸的，好像對前子和親生女兒珠姑是有其差別的。自從她溺死以後，她生前痛愛如珍寶的珠姑就被兄嫂迫壓得無路可走，以致隨乳母出奔，給一個茶食店夥作妾，又被大婦凌虐，賣入娼寮。後竟音信杳然不知所終，這也是有關前娘後母的一段哀史。

因看潮在德姑太太家被留住過幾天已在前面提及，現在也附帶來敘述一下。

有一年她從城返鄉，這天正是八月十七，是大潮汛前夕。她家在吳融，距離鎮塘殿後桑盆不遠，這兩處都是海的尾閭，每年八月十八日到這兩處看潮的人非常擁擠。她將次下船，邀大家一道同去。那時年青好事，興趣特濃，於是鳴山啟明喬峰和我四個人，一道應邀前往。出城後我們就不安靜起來了，四個人分作兩起，站在船側兩舷，此起彼落，此落彼起的把船左右晃蕩得顛簸不堪。船伕喊著不能搖了，珠姑嚇得哭了，我們還是不肯停歇。德姑太太發急的說：『你們兩個孃舅兩個表哥打算把阿珠作弄到怎麼樣呢？』但是我們終於不買帳，一直把船左晃右蕩遊酒醉似的顛簸到她的家鄉門口，這才完結。上岸後到了她家，她客情濃厚，連忙殺雞為黍而食，並把她前房兒子在市上從事商業的招回來見過我們，還找來了一位她的夫弟名夢飛的招待作陪。這位夢飛先生約有五十歲的光景，雖也情意殷殷，但總覺得腐朽可厭。下午看潮並看了戲，晚飯時我們就表示意見，拒絕夢飛作陪，她接受我們的條件，自晚餐起就由我們四個人共食，連她和阿珠也不來陪了。我們覺得很滿意，可是又想出新花樣來了。她接待我們的是四大碗四大盤的全葷菜蔬，我們商訂了一個辦法，有時把四盤吃得乾乾淨淨，對四碗卻原封不動，有時吃光四碗，不動四盤，有時四盤四碗全部吃光，有時只吃光飯而不開動所有的菜蔬，每餐給我們盛一桶飯，我們也是這樣的辦法，有時吃半桶，有時全吃光，有時顆粒不動，就這樣的和她尋開心。樓上設了兩張大床給我們兩人合一張，我們偏要四人共一張，一張讓它空著，她不論怎樣和我們說，總是一個不理睬。晚間她每天每人給我們一個紙帽盒（是紹地合錦茶食的名稱），備夜間的充饑，我們又弄出花樣來，半夜後假作搶吃相罵相打的動作，把她嚇得半夜披衣上樓來排解，我們又寂靜無聲的偽裝睡熟了。樓上給我們擺了一個便桶，為的是夜間之需，我們卻整天整夜的蹲在樓上，叫看戲，不去！叫上市閒逛，不去！大小便無間日夜的都撒在便桶裡，且不讓用人們去倒，一定要便桶蓋浮起來了，這才由老媽子用糞勺，一勺一勺的撒出去。想盡了辦法和她鬧彆扭，惡開心。她也恨恨的說：『你們這班惡客，我該不邀你們來！』話雖這樣說，可是她性情和藹，從也不以為忤。到了第四天我們要走了，她又很誠懇的苦苦挽留。我們敢於和她惡作劇，也是知道她的性情。不然的話，哪會跟她去看潮呢！後來她的慘死，合族的人都感到非常悲哀，為之惋惜不置。」

先君共有姊妹兄弟四人，長即大姑母，名德，咸豐戊午（一八五八）生，次為先君，庚申（一八六〇）生，皆孫老太太出。第三為小姑母，不知其名，同治戊辰（一八六八）生，蔣老太太出，第四名鳳升，光緒壬午（一八八二）生，則為庶母章氏所生。小時候多與小姑母接近，故亦多所依戀，但年代久遠，不特容貌不復記憶，亦並不省其名字了。大姑母因早已出嫁，幼時沒有什麼印象，但在成人以後亦常想見，聲音笑貌尚可記憶，唯看潮時事則已忘卻，今得此文乃重複記起，甚可喜也。其時當在光緒甲辰（一九〇四），我在南京告假回家，至所述遭難之事則那時我不在家中，只於家信中得到訊息，當在丙午（一九〇六）年之後，我已經由南京往東京留學去了。

大姑母於辛卯（一八九一）年生一女兒，取名阿珠，就是本篇中所說的珠姑，小姑母也於同年生女，亦名阿珠，但是她旋於甲午年去世，所以這個阿珠我們便少看見了。大姑母方面的珠姑則一年裡總有好幾回要跟著母親到外婆家裡來的，幼女的面影至今也還記得。我家對於她的印象似乎也頗不壞，因為在有一個時候，這大約在蔣老太太和大姑母都已去世以後，這或者是先母吧，曾問她到我家這裡來好不好，意思是想要她做一個媳婦，她答道願意。但是這時似乎和那茶食店夥已有關係，所以這樣說了之後，不久便即出奔了。她的異母哥哥是茶食店有股份的，自己常在店裡幫忙，因此說不定這件事有他的陰謀在裡邊，故意給她們以便利，藉此好來排除她的。到了民國元年，大約是秋天吧，有一個老太婆突然來訪，帶了兩斤月餅的包頭，她開門見山的說是珠姑的使者，因為記念外婆家，特差她來看望，希望能讓她來走動。先母與大家商量，因為都不大贊成，所以婉詞謝絕了。以常情論，這實在是有點可憫的。她大概感覺境遇有點不安，想於外婆家求到些須的保護，卻不意被拒絕了。我家自昔有妾禍，潘姨剛才於兩年前出去，先母的反感固亦難怪，但我們也是擺起道學家的面孔來，主張拒絕，乃是絕不應該的，正是俞理初的所謂虐無告也。回想起這件事，感到絕大的苦痛，不但覺得對不起大姑母，而且平常高談闊論的反對禮教也都是些廢話。

拾遺戊

讀小說

小說我在小時候實在看了不少，雖則經書讀得不多。本來看小說或者也不能算多，不過與經書比較起來，便顯得要多出幾倍，而且我的國文讀通差不多全靠了看小說，經書實在並沒有給了多少幫助，所以我對於耽讀小說的事正是非感謝不可的。十三經之中，自從疊起書包，作揖出了書房門之後，只有《詩經》，《論語》，《孟子》，《禮記》，《爾雅》，——這還是因了郝懿行的《義疏》的關係，曾經翻閱過幾遍，別的便都久已束之高閣，至於內容則早已全部還給了先生了。小說原是中外古今好壞都有，種類雜亂得很，現在想起來，無論是什麼總多少帶有好感，因為這是當初自己要看而看的，有如小孩子手頭有了幾文錢，跑去買了些粽子糖炒豆花生米之屬，東西雖粗，卻吃得滋滋有味，與大人們揪住耳朵硬灌下去的湯藥不同，即使那些藥不無一點效用，後來也總不會再想去吃的。關於這些小說，頭緒太紛煩了，現在只就民國以前的記憶來說，一則事情較為簡單，二則可以不包括新文學在內，省得說及時要得罪作者，——他們的著作我讀到的就難免要亂說，不曾讀到又似乎有點渺視，都不是辦法，現在有這時間的限制，這種困難當然可以免除了。

我學國文，能夠看書及略寫文字，都是從小說得來，這種經驗大約也頗是普通，前清嘉慶時人鄭守庭的《燕窗閒話》中有著相似的記錄，其一節云：

「予少時讀書易於解悟，乃自旁門入。憶十歲隨祖母祝壽於西鄉顧宅，陰雨兼旬，幾上有《列國志》一部，翻閱之僅解數語，閱三四本解者漸多，復從頭翻閱，解者大半。歸家後即借說部之易解者閱之，解有八九。除夕侍祖母守歲，竟夕閱《封神傳》半部，《三國志》半部，所有細評無暇詳覽也。後讀《左傳》，其事跡已知，但於字句有不明者，講解時盡心諦聽，由是閱他書益易解矣。」我十歲時候正在本家的一個文童那裡讀《大學》，開始看小說還一直在後，大抵在兩三年之後吧，但記得清楚的是十五歲時在看《閱微草堂筆記》這一件事。我的經驗大概可以這樣總結的說，由《鏡花緣》，《儒林外史》，《西遊記》，《水滸》等漸至《三國演義》，轉到《聊齋志異》，這是從白話轉入文言的徑路，教我懂得文言並略知文言的趣味者，實在是這《聊齋》，並非什麼經書或古文讀本。《聊齋志異》之後，自然是那些《夜談隨錄》，《淞隱漫錄》等假《聊齋》，一變而轉入《閱微草堂筆記》，這樣舊派文言小說的兩派都已入門，便自然而然的跑到唐代叢書裡邊去了。這裡說的很是簡單輕便，事實上自然也要自有主宰，能夠「得魚忘筌」，乃能透過小說的陣地獲得些語文以及人事上的知識，而不至長久迷困在這裡邊。現在說是回憶，也並不是追述故事，單只就比較記得的小說略為談談，也只是一點兒意見和印象，讀者若是要看客觀的批評的話，那隻可請去求之於適當的文學史中了。

首先要說的自然是《三國演義》。這並不是我最先看的，也不是因為它是最好的小說，它之所以重要是由於影響之大，而這影響又多是不良的。我從前關於這書曾說過一節話，可以抄在這裡：

「前幾時借《三國演義》，重看一遍。以前還是在小時候看過的，現在覺得印象很不相同，真有點奇怪它的好處在哪裡。這些年中意見有些變動，第一對於關羽，不但是伏魔大帝那些妖異的話，就是漢壽亭侯的忠義，也都懷疑了，覺得他不過是幫會裡的一個英雄，其影響及於後代的只是桃園結義這一件事罷了。劉玄德我並不以為他一定應該做皇帝，無論中山靖王譜系的真偽如何，中國古來的皇帝本來誰都可以做的，並非必須姓劉的才行，以人物論實在也還不及孫曹，只是比曹瞞少殺人，這是他唯一的長處。諸葛孔明我也看不出他好在什麼地方，《演義》裡那一套詭計，才比得《水滸》裡的吳學究，若說讀書人所稱道的鞠躬盡瘁死而後已的精神，又可惜那《後出師表》是後人假造，我們成人之美，或者承認他治蜀之遺愛可能多有，不過這些在《演義》裡沒有說及。掩卷以後仔細回想，這書裡的人物有誰值得佩服，很不容易說出來，末了終於只記起了一個孔融。他的故事在《演義》裡是沒有，但這的確是一個傑出的人，從前所見木板《三國演義》的繡像中，孔北海頭上好像戴了一頂披肩帽，側面畫著，飄飄的長鬚吹在一邊，這個樣子也還不錯。他是被曹操所殺的一個人，我對於曹的這一點正是極不以為然的。」

其次講到《水滸》，這部書比《三國》要有意思得多了。民國以後我還看過幾遍，其一是日本銅板小本，其二是有胡適之考證的新標點本，其三是劉半農影印的貫華堂評本，看時仍覺得有趣味。《水滸》的人物中間，我始終最喜歡魯智深，他是一個純乎赤子之心的人，一生好打不平，都是事不干己的，對於女人毫無興趣，卻為了她們一再鬧出事來，到處闖禍，而很少殺人，算來只打死了鄭屠一人，也是因為他自己禁不起打而死的。這在《水滸》作者意中，不管他是否施耐庵，大概也是理想的人物之一吧。李逵我卻不喜歡，雖然拿來與宋江對比的時候也覺得很痛快，他就只是好胡亂殺人，如江州救宋江時不尋官兵廝殺，卻只向人多處砍去，可以說正是一隻野貓，只有以獸道論是對的吧。設計賺朱仝上樑山那時，李逵在林子裡殺了小衙內，把他梳著雙丫角的頭劈作兩半，這件事我是始終覺得不可饒恕的。武松與石秀都是可怕的人，兩人自然也分個上下，武松的可怕是煞辣，用於報仇雪恨卻很不錯，而石秀則是凶險，可怕以至可憎了。武松殺嫂以至飛雲樓的一場，都是為報仇恨，石秀的逼楊雄殺潘巧雲，為的要表白自己，完全是假公濟私，這些情形向來都瞞不過看官們的眼，本來可以不必贅說。但是可以注意的是，前頭武松殺了親嫂，後面石秀又殺盟嫂，據金聖嘆說來，固然可以說是由於作者故意要顯他的手段，寫出同而不同的兩個場面來，可是事實上根本相同的則是兩處都慘殺犯奸的女人，在這上面作者似乎無意中露出了一點馬腳，即是他的女人憎惡的程度。《水滸》中殺人的事情也不少，而寫殺潘金蓮尤其是殺潘巧雲迎兒處卻是特別細緻殘忍，或有點欣賞的意思。——可是話又得說了回來，在向來看不起女人的社會裡，況且這又是在至少四百年前所寫的小說裡邊，我們怎好以今日的看法來責備他們，或者他也是藉此寫出一種人來，有這麼樣殘酷，正如寫一個純樸的魯智深，是同一的用意呢，上面的話也只是想到了說說罷了。

拾遺己

讀小說續

《封神傳》，《西遊記》，《鏡花緣》，我把這三部書歸在一起，或者有人以為不倫不類，不過我的這樣排列法是有理由的。本來《封神傳》是《東周列國》之流，大概從《武王伐紂書》轉變出來的，原是歷史演義，卻著重在使役鬼神這一點上敷衍成那麼一部怪書，見神見鬼的那麼說怪話的書大概是無出其右的了。《西遊記》因為是記唐僧取經的事，有人以為隱藏著什麼教理，這裡不想討論，雖然我自己原是不相信的，我只覺得它寫孫行者和妖精的變化百出，很是好玩，與《封神》也是一類。《鏡花緣》前後實是兩部分，那些考女狀元等等的女權說或者也有意思，我所喜歡的乃是那前半，即唐敖多九公漂洋的故事。這三種小說的性質如何不同且不管它，我只合在一處，在古來缺少童話的中國當作這一類的作品看，亦是慰情勝無的事情。《封神傳》在我們鄉下稱作「紂鹿台」，雖然已經成為荒唐無稽的代名詞，但是姜太公神位在此的紅紙到處貼著，他手執杏黃旗騎著四不像的模樣也是永久存在人的空想裡，因為一切法術都是童話世界的應有的陳設，缺少了便要感覺貧乏的。它的缺點只是沒有個性，近似，單調，不過這也是童話或民話的特徵，它每一則大抵都只是用了若干形式湊拼而成的，有如七巧圖一般，擺得好的雖然也可以很好。孫猴子的描寫要好得多了，雖則豬八戒或者也不在他之下，其他的精怪則同闡截兩教的神道差不多，也正是童話劇中的木頭人而已，不過作者有許多地方都很用幽默，所以更顯得有意思。兒童與老百姓是很有幽默感的，所以好的童話與民話都含有滑稽趣味。我的祖父常喜歡講，孫行者有一回戰敗逃走，無處躲藏，只得搖身一變，變作一座古廟，剩下一根尾巴，苦於無處安頓，只好權作旗杆，放在後面。二郎神趕來看，廟倒是不錯，但一根旗杆豎在廟背後，這種廟宇世上少有，一定是孫猴變的，於是終被看破了。這件故事看似尋常，卻實在是兒童的想頭，小孩聽了一定要高興發笑的，這便是價值的所在。

《紅樓夢》自然也不得不一談，雖然關於這書談的人太多了，多談不但沒用，而且也近於無謂，我只一說對於大觀園裡的女人意見如何。正冊的二十四釵中，當然春蘭秋菊各有其美，但我細細想過，覺得作者描寫得最成功也最用力的乃是王熙鳳，她的缺點和長處也是不可分的，《紅樓夢》裡的人物好些固然像是實在有過的人一般，而鳳姐則是最活現的一個，也自然最可喜。副冊中我覺得晴雯最好，而襲人也不錯，別人恐怕要說這是老子韓非同傳，其實她有可取，不管好壞怎麼的不一樣。《紅樓夢》的描寫和言語是頂漂亮的，《兒女英雄傳》在用語這一點上可以相比，我想拿來放在一起。二者運用北京語都很純熟，因為作者都是旗人，《紅樓夢》雖是清朝的書，但大觀園中有如桃源似的，時代的空氣很是稀薄，起居服色寫得極為朦朧，始終似在錦繡的戲台布景中，《兒女英雄傳》則相反的表現得很是明瞭。前清科舉考試的情形，世家家庭間的禮節詞令，有詳細的描寫，也是一種難得的特色。從前我說過幾句批評，現在意見還是如此，可以再應用在這裡：

「《兒女英雄傳》還是三十多年前看過的，近來重讀一過，覺得實在還寫得不錯。平常批評的人總說筆墨漂亮，思想陳腐。這第一句大抵是眾口一詞，沒有什麼問題，第二句也並未說錯，不過我卻有點意見。如要說書的來反對科舉，自然除了《儒林外史》再也無人能及，但志在出將入相，而且還想入聖廟，則亦只好推《野叟曝言》去當選了。《兒女英雄傳》作者的晝夢只是想點翰林，那時候恐怕只是常情，在小說裡不見得是頂腐敗，他又喜歡講道學，而安老爺這個腳色在全書中差不多寫得最好，我曾說過玩笑話，像安學海那樣的道學家，我也不怕見見面，雖然我平常所頂不喜歡的東西道學家就是其一。此書作者自稱恕道，覺得有幾分對，大抵他通達人情物理，所以處處顯得大方，就是其陳舊迂謬處也總不叫人怎麼生厭，這是許多作者都不易及的地方。寫十三妹除了能仁寺前後一段稍為奇怪外，大體寫得很好，天下自有這一種矜才使氣的女孩子，大約列公也曾遇見一位過來，略具一鱗半爪，應知鄙言非妄，不過這裡集合起來，暢快的寫一番罷了。書中對於女人的態度我覺得很好，恐怕這或者是旗下的關係。其中只是承認陽奇陰偶的謬論，我們卻也難深怪，此外總是當作一個人相對待，絕無淫虐狂的變態形跡，夠得上說是健全的態度。小時候讀彈詞《天雨花》，很佩服左維明，但是他在階前劍斬犯淫的侍女，至今留下一極惡的印象，若《水滸》之特別憎惡女性，曾為廢名所指彈，小說中如能無此種汙染，不可謂非難得而可貴也。」

我們順便的就講到《儒林外史》。它對於前清的讀書社會整個的加以諷刺，不但是高翰林衛舉人嚴貢生等人荒謬可笑，就是此外許多人，即使作者並無嘲弄的口氣，而寫了出來也是那個無聊社會的一份子，其無聊正是一樣。程魚門在作者的傳裡說，此書「窮極文士情態」，正是說得極對，而這又差不多以南方為對象的，與作者同時代的高南阜曾評南方士人多文俗，也可以給《儒林外史》中人物作一個總評。這書的缺限是專講儒林，如今事隔百餘年，教育制度有些變化了，讀者恐要覺得疏遠，比較的減少興味亦未可知，但是科舉雖廢，士大夫的傳統還是儼存，誠如識者所說過，青年人原是老頭子的兒子，讀書人現今改稱知識階級，仍舊一代如一代，所以《儒林外史》的諷刺在後世還是長久有生命的。中國向來缺少諷刺滑稽的作品，這部書是唯一的好成績，不過如喝一口酸辣的酒，裡邊多含一點苦味，這也實在是難怪的，水土本來有點兒苦，米與水自然也是如此，雖有好釀手亦無可奈何。後來寫這類譴責小說的也有人，但沒有趕得上的，有些老新黨的思想往往不及前朝的人，他們始終是個成功的上海的報人罷了。

《品花寶鑒》與《儒林外史》，《兒女英雄傳》同是前清嘉道時代的作品，雖然是以北京的「相公」生活為主題，實在也是一部好的社會小說。書中除所寫主要的幾個人物過於修飾之外，其餘次要的也就近於下流的各色人等，卻都寫得不錯，有人曾說他寫的髒，不知那裡正是他的特色，那些人與事本來就是那麼髒的，要寫就只有那麼的不怕髒。這誠如理查白頓 (Richard Burton) 關於《香園》一書所說，這不是小孩子的書。中國有些書的確不是小孩子可以看的，但是有教育的成年人卻應當一看，正如關於人生的暗黑面與比較的光明面他都該知道一樣。有許多壞小說，在這裡也不能說沒有用處，不過第一要看的人有成人的心眼，也就是有主宰，知道怎麼看。但是我老實說不一定有這裡所需要的忍耐力，往往成見的好惡先出來了，明知《野叟曝言》裡文素臣是內聖外王的思想的代表，書中的思想極正統，極謬妄，極荒淫，很值得耐心一讀，可是我從前借得學堂同班的半部石印小字本，卻終於未曾看完而還了他了。這部江陰夏老先生的大作，我竭誠推薦給研究中國文士思想和心理分析的朋友，是上好的數據，雖則我自己還未能通讀一過。

這裡還有一部書我覺得應該提一提，這便是那《綠野仙蹤》。什麼人所著和什麼年代出版我都忘記了，因為我看見這書還是在許多年前，大概至少總有六十年了吧，魯迅的《中國小說史略》中也不著錄，現今也沒法查考。這是一部木板大書，可能有二十冊，是我在先母的一個衣櫃（普通稱作大廚）內發見的，平常乘她往本家妯娌那裡談天去的時候偷看一點，可能沒有看完全部，但大體是記得的，書中說冷於冰修仙學道的事，這是書名的所由來，但是又夾雜著溫如玉狎娼情形，裡邊很有些穢褻的描寫，其最奇怪的是寫冷於冰的女弟子於將得道以前被一個小道士所強姦的故事。不過我所不能忘記的不是這些，乃是說冷於冰遇著一個開私塾教書的老頭子，有很好的滑稽和諷刺。這老儒給冷於冰看的一篇《饃饃賦》，真是妙絕了，可惜不能記得，但是又給他講解兩句詩，卻幸而完全沒有忘記，這便是：

媳釵俏矣兒書廢，哥罐聞焉嫂棒傷。

這裡有意思的事，乃是諷刺乾隆皇帝的。我們看他題在知不足齋叢書前頭的「知不足齋何不足，渴於書籍是賢乎」，和在西山碧雲寺的御碑上的「香山適才遊白社，越嶺便以至碧雲」比較起來，實在好不了多少。書裡的描寫可以說是挖苦透了，不曉得那時何以沒有捲進文字獄裡去的，或者由於發告的不好措詞，因為此外沒有確實的證據，假如直說這「哥罐」的詩是模擬「聖制」的，恐怕說的人就要先戴上一頂大不敬的帽子吧。

遇狼的故事

從前以不知為知的寫些關於文藝的文章，總集起來名曰「談龍」，其關於別的問題的則稱為「談虎」，並出一本對人的批評，書名已經擬好為「真談虎集」，可是想到這種妄耗精神乃是昏愚的事，遂爾中止了。民國三十三年（一九四四）又發生了遇狼的問題，也寫了些東西，卻一樣的埋沒了事，但是有些朋友以不明瞭這事為恨，希望在回想錄上能夠得到材料，深愧不能滿足他們這期望，覺得在本文中不提一字也是不對，因把那一篇故事收在拾遺裡面，算是應個景吧。原文如下：

「從前看郝懿行的《曬書堂筆錄》，很是喜歡，特別是其中的《模糊》一篇，曾經寫過文章介紹，後來有日本友人看見，也引起興趣來，特地買了《曬書堂全集》去讀，說想把郝君的隨筆小文抄譯百十則出版，可是現在沒有訊息，或者出版未能許可也不可知。（可是不久出版了，書名就叫做『模糊集』，後來在譯者所編的中國古典文學全集裡的《歷代隨筆集》中，也全部收入在內。）模糊普通寫作馬虎，有辦事敷衍之意，不算是好話，但郝君所說的是對於人家不甚計較，我覺得也是省事之一法，頗表示贊成，雖然實行不易，不能像郝君的那樣道地。大抵這只有三種辦法。一是法家的，這是絕不模糊。二是道家的，他是模糊到底，心裡自然是很明白的。三是儒家的，他也模糊，卻有個限度，彷彿是道家的帽，法家的鞋，可以說是中庸，也可以說是不徹底。我照例是不能徹底的人，所以至多也只能學到這個地步。前幾天同日本的客談起，我比喻說，這裡有一堵矮牆，有人想瞧瞧牆外的景緻，對我說，勞駕你肩上讓我站一下，我諒解他的慾望，假如脫下皮鞋的話，讓他一站也無什麼不可以的。但是，若是連鞋要踏到頭頂上去，那可是受不了，只得『蒙御免』了。不過這樣做並不怎麼容易，至少也總比兩極端的做法為難，因為這裡需要一個限度的酌量，而其前後又恰是那兩極端的一部分，結果是自討麻煩，不及徹底者的簡單乾淨。而且，定限度尚易，守限度更難。你希望人家守限制，必須相信性善說才行，這在儒家自然是不成問題，但在對方未必如此，凡是想站到別人肩上去看牆外，自以為比牆還高了的，豈能尊重你中庸的限度，不再想踏上頭頂去呢。那時你再發極，把他硬拉下去，結果還是弄到打架。仔細想起來，到底是失敗，儒家可為而不可為，蓋如此也。

不佞有志想學儒家，只是無師自通，學的更難像樣，這種失敗自然不能免了。多少年前有過一位青年，心想研究什麼一種學問，那時曾經給予好些幫助，還有些西文書，現在如放在東安市場，也可以得點善價了。不久他忽然左傾了，還要勸我附和他的文學論，這個我是始終不懂，只好敬謝不敏，他卻尋上門來鬧，有一回把外面南窗的玻璃打碎，那時孫伏園正寄住在那裡，嚇得他一大跳。這位英雄在和平時代曾記錄過民間故事，題曰大黑狼，所以亡友餅齋後來嘲笑我說，你這回被大黑狼咬了吧。他的意思是說活該，這個我自己也不能否認，不過這大黑狼實在乃是他的學生，我被咬得有點兒冤枉，雖然引狼入室自然也是我的責任。這是好久以前的事情了。去年冬天偶然做了幾首打油詩，其一云：

山居亦自多佳趣，山色蒼茫山月高。

掩卷閉門無一事，支頤獨自聽狼嗥。

餅齋先生去世於今已是五年了，說起來不勝感嘆。可是別的朋友，好意的關懷我，卻是不免有點神經過敏的列位，遠道寄信來問，你又被狼咬了麼？我聽了覺得也可感也好笑，心裡想年紀這樣一年年長上去了，還給人那麼東咬西咬，還了得麼。我只得老老實實的回答說，請放心，這不是狼，實在只是狗罷了。本來詩無達詁，要那麼解釋也並無什麼不可，但事實上我是住在城裡，不比山中，哪裡會有狼來。寒齋的西南方面有一塊舊陸軍大學的馬號，現在改為華北交通公司的警犬訓練所，關著許多狗，由外國人訓練著。這狗成天的嚎叫，弄得近地的人寢食不安，後來卻也漸漸習慣，不大覺得了，有時候還要提起耳朵靜聽，才能夠辨別它們是不是叫著。這能否成為詩料，都不成問題，反正是打油詩，何必多所拘泥，可是不巧狗字平仄不調，所以換上一個狼字，也原是狗的一黨，可以對付過去了。不料因此又引起朋友們的掛念，真是抱歉得很，所以現在忙裡偷閒來說明一下子。

說到遇狼，我倒是有過經驗的，雖然實際未曾被咬。這還是四十年前在江南水師學堂做學生的時候的事，《雨天的書．懷舊之二》裡，根據汪仲賢先生所說，學校後邊山上有狼，據牆上警告行人的字帖，曾經白晝傷人，說到自己遇狼的經驗，大意云：

『仲賢先生的回憶中那山上的一隻大狼，正同老更夫一樣，它也是我的老相識。我們在校時每到晚飯後常往後山上去遊玩，但是因為山坳裡的農家有許多狗，時以惡聲相向，所以我們習慣都拿一根棒出去。一天的傍晚，我同友人盧君出了學堂，向著半山的一座古廟走去，這是同學常來借了房間叉麻將的地方。我們沿著小路前進，兩旁都生著稻麥之類，有三四尺高。走到一處十字路口，我們看見左手橫路旁伏著一隻大狗，照例揮起我們的棒，它便竄入麥田裡不見了。我們走了一程，到了第二個十字路口，卻又見這隻狗從麥叢中露出半個身子，隨即竄向前面的田裡去了。我們覺得它的行徑有點古怪，又看見它的尾巴似乎異常，才想到它或者不是尋常的狗，於是便把這天的散步中止了。後來同學中也還有人遇見過它，因為手裡有棒，大抵是它先迴避了。過了多年之後它還在那裡，而且居然傷人起來了。不知道現今還健在否，很想得到機會去南京打聽一聲。』

以上還是民國前的話，自從南京建都以後，這情形自當大不相同了。依據我們自己的經驗，山野的狼是並不怎麼可怕的。最可怕的或者是狼而能說人話的，有如中山狼故事裡的一隻狼。小時候看見木板書的插圖，畫著一隻乾瘦的狼，對著土地似的老翁說人一般的話，至今想起來還是毛骨聳然。此外則西洋傳說裡的人狼，古英文所謂衛勒伍耳夫（Werewolf）者是也，也正是中國的變鬼人一類的東西。我有一大冊西文書，是專講人狼的，與講殭屍的一冊正是一對，真是很難得的好書，可是看起來很可怕，所以雖然我很珍重，卻至今還不曾細閱，豈真恐怕嚇破苦膽乎，想起來亦自覺得好笑人也。民國甲申（一九四四）驚蟄節，在北京。」

拾遺辛

我的雜學

一九四四年從四月到七月，寫了一篇《我的雜學》，共有二十節，這是一種關於讀書的回憶，把我平常所覺得有興趣以及自以為有點懂得的事物，簡單的記錄了下來。雖然末後的結論裡也承認說，這可以說是愚人的自白，實際也寫得不大高明，假如現在來改寫的話，可能至少要減少到一半以上，但是既然寫成了，刪改也似乎可以不必，所以現今仍照原樣的儲存了。

一，引言　小時候讀《儒林外史》，後來多還記得，特別是關於批評馬二先生的話。第四十九回高翰林說：

「若是不知道揣摩，就是聖人也是不中的。那馬先生講了半生，講的都是些不中的舉業。」又第十八回舉人衛體善衛先生說：

「他終日講的是雜學。聽見他雜覽到是好的，於文章的理法他全然不知，一味亂鬧，好墨卷也被他批壞了。」這裡所謂文章是說八股文，雜學是普通詩文，馬二先生的事情本來與我水米無干，但是我看了總有所感，彷彿覺得這正是說著我似的。我平常沒有一種專門的職業，就只喜歡涉獵閒書，這豈不便是道地的雜學，而且又是不中的舉業，大概這一點是無可疑的。我自己所寫的東西好壞自知，可是聽到世間的是非褒貶，往往不盡相符，有針小棒大之感，覺得有點奇怪，到後來卻也明白了。人家不滿意，本是極當然的，因為講的是不中的舉業，不知道揣摩，雖聖人也沒有用，何況我輩凡人。至於說好的，自然要感謝，其實也何嘗真有什麼長處，至多是不大說誑，以及所說多本於常識而已。假如這常識可以算是長處，那麼這正是雜覽應有的結果，也是當然的事，我們斷章取義的借用衛先生的話來說，所謂雜覽到是好的也。這裡我把自己的雜學簡要的記錄一點下來，並不是什麼敝帚自珍，實在也只當作一種讀書的回想云爾。民國甲申（一九四四）四月末日。

二，古文　日本舊書店的招牌上多寫著和漢洋書籍云云，這固然是店鋪裡所有的貨色，大抵讀書人所看的也不出這範圍，所以可以說是很能概括的了。現今也就仿照這個意思，從漢文講起頭來。

我開始學漢文，還是在甲午以前，距今已是五十餘年，其時讀書蓋專為應科舉的準備，終日念四書五經以備作八股文，中午習字，傍晚對課以備作試帖詩而已。魯迅在辛亥曾戲作小說，假定篇名曰「懷舊」，其中略述書房情狀，先生講《論語》志於學章，教屬對，題曰紅花，對青桐不協，先生代對曰綠草，又曰，紅平聲，花平聲，綠入聲，草上聲，則教以辨四聲也。此種事情本甚尋常，唯及今提及，已少有知者，故亦不失為值得記錄的數據。我的運氣是，在書房裡這種書沒有讀透。我記得在十一歲時還在讀「上中」，即《中庸》的上半卷，後來陸續將經書勉強讀畢，八股文湊得起三四百個字，可是考不上一個秀才，成績可想而知。語云，禍兮福所倚。舉業沒有弄成功，但我因此認得了好些漢字，慢慢能夠看書，能夠寫文章，就是說把漢文卻是讀通了。漢文讀通極是普通，或者可以說在中國人正是當然的事，不過這如從舉業文中轉過身來，它會附隨著兩種臭味，一是道學家氣，一是八大家氣，這都是我所不大喜歡的。本來道學這東西沒有什麼不好，但發現在人間便是道學家，往往假多真少，世間早有定評，我也多所見聞，自然無甚好感。家中舊有一部浙江官書局刻方東樹的《漢學商兌》，讀了很是不愉快，雖然並未因此被激到漢學裡去，對於宋學卻起了反感，覺得這麼度量褊窄，性情苛刻，就是真道學也有何可貴，倒還是不去學他好。還有一層，我總覺得清朝之講宋學，是與科舉有密切關係的，讀書人標榜道學作為求富貴的手段，與跪拜頌揚等等形式不同而作用則一。這些恐怕都是個人的偏見也未可知，總之這樣使我脫離了一頭羈絆，於後來對於好些事情的思索上有不少的好處。八大家的古文在我感覺也是八股文的長親，其所以為世人所珍重的最大理由我想即在於此。我沒有在書房裡學過念古文，所以搖頭朗誦像唱戲似的那種本領我是不會的，最初只自看《古文析義》，事隔多年幾乎全忘了，近日拿出安越堂平氏校本《古文觀止》來看，明瞭的感覺唐以後文之不行，這樣說雖然有似乎是明七子的口氣，但是事實無可如何。韓柳的文章至少在選本裡所收的，都是些《宦鄉要則》裡的數據，士子做策論，官幕辦章奏書啟，是很有用的，若以文論不知道好處在哪裡。念起來聲調好，那是實在的事，但是我想這正是屬於八股文一類的證據吧。讀前六卷的所謂周秦文以至漢文，總是華實兼具，態度也安詳沉著，沒有那種奔競躁進氣，此蓋為科舉制度時代所特有者，韓柳文勃興於唐，盛行至於今日，即以此故，此又一段落也。不佞因為書房教育受得不充分，所以這一關也逃過了，至今想起來還覺得很僥倖，假如我學了八大家文來講道學，那是道地的正統了，這篇談雜學的小文也就無從寫起了。

拾遺壬

我的雜學

三，小說與讀書　我學國文的經驗，在十八九年前（即一九二六年）曾經寫了一文，約略說過。中有云，經可以算讀得也不少了，雖然也不能算多，但是我總不會寫，也看不懂書，至於禮教的精義尤其茫然，乾脆一句話，以前所讀的書於我無甚益處，後來的能夠寫文字，及養成一種道德觀念，乃是全從別方面來的。關於道德思想將來再說，現在只說讀書，即是看了紙上的文字懂得所表現的意思，這種本領是怎麼學來的呢。簡單的說，這是從小說看來的。大概在十三至十五歲，讀了不少的小說，好的壞的都有，這樣便學會了看書。由《鏡花緣》，《儒林外史》，《西遊記》，《水滸傳》等漸至《三國演義》，轉到《聊齋志異》，這是從白話轉入文言的徑路。教我懂文言，略知文言的趣味者，實在是這《聊齋》，並非什麼經書或是《古文析義》之流。《聊齋志異》之後，自然是那些《夜談隨錄》等的假《聊齋》，一轉而入《閱微草堂筆記》，這樣舊派文言小說的傳奇志怪兩派都已經入門，便自然更進一步跑到唐代叢書裡邊去了。這種經驗大約也頗普通，嘉慶時人鄭守庭的《燕窗閒話》中，也有一段相似的記錄。不過我自己的經驗不但使我了解文義，而且還指引我讀書的方向，所以這關係就更大了。

唐代叢書因為板子都欠佳，所以至今未曾買好一部，我對於它卻頗有好感，裡邊有幾種書還是記得，我的雜覽可以說是從那裡起頭的。小時候看見過的書，雖然本是偶然的事，往往留下很深的印象，發生很大的影響。《爾雅音圖》，《毛詩品物圖考》，《毛詩草木疏》，《花鏡》，《篤素堂外集》，《金石存》，《剡錄》，這些書大抵並非精本，有的還是石印，但是至今記得，後來都搜得收存，興味也仍存在。說是幼年所見的書全有如此力量麼，那也並不見得，可知這裡有些別擇的。《聊齋》與《閱微草堂》是引導我去讀古文的書，可是後來對於前者我不大喜歡他的詞章，對於後者很討厭他的義理，大有得魚忘筌之意。唐代叢書是雜學入門的課本，現在卻亦不能舉出若干心喜的書名，或者上邊所說《爾雅音圖》各書可以充數，這些本來不在叢書之內，但如說是以從唐代叢書養成的讀書興味，在叢書之外別擇出來的中意的書，這說法也是可以的吧。

這個非正宗的別擇法一直維持下來，成為我搜書看書的準則。這大要有八大類。一是關於《詩經》、《論語》疏注之類。二是小學書，即《說文解字》、《爾雅》、《方言》之類。三是文化史料類，非志書的地誌，特別是關於歲時風土物產者，如《夢憶》，《清嘉錄》，又關於亂事如《思痛記》，關於倡優如《板橋雜記》等。四是年譜日記遊記家訓尺牘類，最著的例如《顏氏家訓》，《入蜀記》等。五是博物書類，即《農書》、《本草》，《詩疏》、《爾雅》各本亦與此有關係。六是筆記類，範圍甚廣，子部雜家大部分在內。七是佛經之一部，特別是舊譯《譬喻》、《因緣》、《本生》各經，大小乘戒律，代表的語錄。八是鄉賢著作。我以前常說看閒書代紙煙，這是一句半真半假的話，我說閒書，是對於新舊各式的八股文而言，世間尊重八股是正經文章，那麼我這些當然是閒書罷了，我順應世人這樣客氣的說，其實在我看來原都是很重要極嚴肅的東西。重複的說一句，我的讀書是非正統的，因此常為世人所嫌憎，但是自己相信其所以有意義處亦在於此。

四，古典文學　古典文學中我很喜歡《詩經》，但老實說也只以國風為主，小雅但有一部分耳。說詩不一定固守《小序》或《集傳》，平常適用的好本子卻難得，有早印的掃葉山莊陳氏本《詩毛氏傳疏》，覺得很可喜，時常拿出來翻看。陶淵明詩向來喜歡，文不多而均絕佳，安化陶氏本最適用，雖然兩種刊板都欠精善。此外的詩以及詞曲，也常翻讀，但是我知道不懂得詩，所以不大敢多看，多說。駢文也頗愛好，雖然能否比詩多懂得一點這原是疑問，閱孫隘庵的《六朝麗指》卻很多同意，仍不敢貪多，《六朝文絜》及黎氏箋注常在座右而已。伍紹棠跋《南北朝文鈔》云，南北朝人所著書多以駢儷行之，亦均質雅可誦。此語真實，唯諸書中我所喜者為《洛陽伽藍記》，《顏氏家訓》，此他雖皆篇章之珠澤，文采之鄧林，如《文心雕龍》與《水經注》，終苦其太專門，不宜於閒看也。以上就唐以前書舉幾個例，表明個人的偏好，大抵於文字之外看重所表現的氣象與性情，自從韓愈文起八代之衰以後，便沒有這種文字，加以科舉的影響，後來即使有佳作，也總是質地薄，分量輕，顯得是病後的體質了。

至於思想方面，我所受的影響又是別有來源的。籠統的說一句，我自己承認是屬於儒家思想的，不過這儒家的名稱是我所自定，內容的解說恐怕與一般的意見很有些不同的地方。我想中國人的思想是重在適當的做人，在儒家講仁與中庸正與之相同，用這名稱似沒有什麼不合，其實正因為孔子是中國人，所以如此，並不是孔子說教傳道，中國人乃始變為儒教徒也。儒家最重的是仁，但是智與勇二者也很重要，特別是在後世儒生成為道士化，禪和子化，差役化，思想混亂的時候，須要智以辨別，勇以決斷，才能截斷眾流，站立得住。這一種人在中國卻是不易找到，因為這與君師的正統思想往往不合，立於很不利的地位，雖然對於國家與民族的前途有極大的關係與價值。上下古今自漢至於清代，我找到了三個人，這便是王充，李贄，俞正燮，是也。王仲任的疾虛妄的精神，最顯著的表現在《論衡》上面，其實別的兩人也是一樣，李卓吾在《焚書》與《初潭集》，俞理初在《癸巳類稿》、《存稿》上的所表示的正是同一的精神。他們未嘗不知道多說真話的危險，只因通達人情物理，對於世間許多事情的錯誤不實看得太清楚，忍不住要說，結果是不討好，卻也不在乎，這種愛真理的態度是最可寶貴，學術思想的前進就靠此力量，只可惜在中國歷史上不大多見耳。我嘗稱他們為中國思想界之三盞燈火，雖然很是遼遠微弱，在後人卻是貴重的引路的標識。太史公曰，高山仰止，景行行止，雖不能至，然心嚮往之。對於這幾位先賢我也正是如此，學是學不到，但疾虛妄，重情理，總作為我們的理想目標，隨時注意，不敢不勉。古今筆記所見不少，披沙挑選金，千不得一，不足言勞，但苦寂寞。民國以來號稱思想革命，而實亦殊少成績，所知者唯蔡子民錢玄同二君可當其選，但多未著之筆墨，清言既絕，亦復無可徵考，所可痛惜也。

拾遺癸

我的雜學

五，外國小說　我學外國文，一直很遲，所以沒有能夠學好，大抵只可看書而已。光緒辛丑（一九〇一）進江南水師學堂當學生，才開始學英文，其時年已十七，至丙辰（一九〇六）被派往日本留學，不得不再學日本文，則又在五年後矣。我們學英文的目的為的是讀一般理化及機器書籍，所用課本最初是《華英初階》以至《進階》，參考書是考貝紙印的《華英字典》，（雖然其實是英文注漢字的）其幼稚可想，此外西文還有什麼可看的書全不知道，許多前輩同學畢業後把這幾本舊書抛棄淨盡，雖然英語不離嘴邊，再也不一看橫行的書本，正是不足怪的事。我的運氣是同時愛看新小說，因了林氏譯本知道外國有司各得哈葛德這些人，其所著書新奇可喜，後來到東京又見西書易得，起手買一點來看，從這裡得到不少的益處。不過我所讀的卻不是英國的文學作品，只是借了這文字的媒介雜亂的讀些書，其一部分是歐洲弱小民族的文學。當時日本有長谷川二葉亭與升曙夢專譯俄國作品，馬場孤蝶多介紹大陸文學，我們特別感到興趣，一面又因為《民報》在東京發刊，中國革命運動正在發達，我們也受了民族思想的影響，對於所謂被損害與侮辱的國民的文學更比強國的表示尊重與親近。這些裡邊，波蘭，芬蘭，匈加利，新希臘等最是重要，俄國其時正在反抗專制，雖非弱小而亦被列入。那時影響至今尚有存留的，即是我的對於幾個作家的愛好，俄國果戈理與伽爾洵，波闌顯克微支，雖然有時可以十年不讀，但心裡還是永不忘記。陀思妥也夫斯奇也極是佩服，可是有點敬畏，向來不敢輕易翻動，也就較為疏遠了。摩斐爾（Morfill）的《早期斯拉夫文學小史》，勃闌特思（Brandes）的《波闌印象記》，賴息（Emil Reich）的《匈加利文學史論》，這些都是四五十年前的舊書，於我卻很有情分，回想當日讀書時的感激歷歷如昨日，給予我的好處亦終未亡失。只可惜我未曾充分利用，小說前後譯出三十幾篇，收在兩種短篇集內，史傳批評則多隻讀過獨自怡悅耳。但是這也總之不是徒勞的事，民國六年來到北京大學，被命講授歐洲文學史，就把這些拿來做底子，而這以後七八年間的教書，督促我反覆的查考文學史料，這又給我做了一種訓練。我最初只是關於古希臘與十九世紀歐洲文學的一部分有點知識，後來因為要教書編講義，其他部分須得設法補充，所以起頭這兩年雖然只擔任每週六小時功課，卻真是日不暇給，查書寫稿之外幾乎沒有別的事情可做，可是結果並不滿意，講義印出了一本，十九世紀這一本終於不曾付印，這門功課在幾年之後也停止了。凡文學史都不好講，何況是歐洲的，這幾年我知道自誤誤人的確不淺，早早中止還是好的，至於我自己實在卻仍得著好處，蓋因此勉強讀過多少書本，獲得一般文學史的常識，至今還是有用，有如教練兵操，本意在於上陣，後雖不用，而操練所餘留的對於體質與精神的影響則固長存在，有時亦覺得頗可感謝者也。

六，希臘神話　從西文書中得來的知識，此外還有希臘神話。說也奇怪，我在學校裡學過幾年希臘文，近來翻譯阿波羅多洛斯的神話集，覺得這是自己的主要工作之一，可是最初之認識與理解希臘神話，卻是全從英文的著書來的。我到東京的那年（一九〇六），買得該萊（Gayley）的《英文學中之古典神話》，隨後又得到了安特路朗（Andrew Lang）的兩本《神話儀式與宗教》，這樣便使我與神話發生了關係。當初聽說要懂西洋文學須得知道一點希臘神話，所以去找一兩種參考書來看，後來對於神話本身有了興趣，便又去別方面尋找，於是在神話集這面有了阿波羅多洛斯的原典，福克斯（W·S·Fox）與洛茲（H·J·Rose）的專著，論考方面有哈理孫女士（Jane Harrison）的《希臘神話論》以及宗教各書。安特路朗則是神話之人類學派的解說，我又從這裡引起對於文化人類學的興趣來的。世間都說古希臘有美的神話，這自然是事實，只須一讀就會知道，但其所以如此又自有其理由，這說起來更有意義。古代埃及與印度也有特殊的神話，其神道多是牛首鳥頭，或者是三頭六臂，形狀可怕，事跡更多怪異，始終沒有脫出宗教的區域，與藝術有一層的間隔。希臘的神話起源本亦相同，而逐漸轉變，因為如哈理孫女士所說，希臘民族不是受祭司支配而是受詩人的支配的，結果便由他們把那些粗材都修造成為美的影像了。「這是希臘的美術家與詩人的職務，來洗除宗教中的恐怖分子，這是我們對於希臘的神話作者（Mythopoios）的最大的負債。」我們中國人雖然以前對於希臘不曾負有該項債務，現在卻該奮發去分一點過來，因為這種希臘精神即使不能起死回生，也有返老還童的力量，在歐洲文化史上顯然可見，對於現今的中國，因了多年的專制與科舉的重壓，人心裡充滿著醜惡與恐怖而日就萎靡，這種一陣清風似的祓除力是不可少，也是大有益的。我從哈理孫女士的著書得悉希臘神話的意義，實為大幸，只恨未能盡力紹介，阿波羅多洛斯的書本文譯畢，註釋恐有兩倍的多，至今未能續寫，此外還該有一冊稍為通俗的故事，自己不能寫，翻譯更是不易。勞斯博士（W·H·D·Rouse）於一九三四年著有《希臘的神與英雄與人》，他本是古典學者，文章寫得很有風趣，在一八九七年譯過《希臘現代小說集》，序文名曰「在希臘島」，對於古舊的民間習俗頗有理解，可以算是最適任的作者了，但是我不知怎的覺得這總是基督教國人所寫的書，特別是在通俗的為兒童用的，這與專門書不同，未免有點不相宜，未能決心去譯它，只好且放下。我並不一定以希臘的多神教為好，卻總以為他的改教為可惜，假如希臘能夠像中國日本那樣，儲存舊有的宗教道德，隨時必要的加進些新分子去，有如佛教基督教之在東方，調和的發展下去，豈不更有意思。不過已經過去的事是沒有辦法了，照現在的事情來說，在本國還留下些生活的傳統，劫餘的學問藝文在外國甚被寶重，一直研究傳播下來，總是很好的了。我們想要討教，不得不由基督教國去轉手，想來未免有點彆扭，但是為希臘與中國再一計量，現在得能如此也已經是可幸的事了。

拾遺子

我的雜學

七，神話學與安特路朗　安特路朗是個多方面的學者文人，他的著書很多，我只有其中的文學史及評論類，古典翻譯介紹類，童話兒歌研究類，最重要的是神話學類，但是如《垂釣漫錄》以及詩集卻終於未曾收羅。這裡邊於我影響最多的是神話學類中之《習俗與神話》，《神話儀式與宗教》這兩部書，因為我由此知道神話的正當解釋，傳說與童話的研究也於是有了門路了。十九世紀中間歐洲學者以「言語之病」解釋神話，可是這裡有個疑問，假如亞里安族神話起源是由於亞利安族的言語之病，那麼這是很奇怪的，為什麼在非亞里安族言語通行的地方也會有相像的神話存在呢？在語言系統不同的民族裡都有類似的神話傳說，說這神話的起源都由於言語的傳訛，這在事實上是不可能的。言語學派的方法既然不能解釋神話裡的荒唐不合理的事件，人類學派乃代之而興，以類似的心理狀態發生類似的行為作為解說，大抵可以得到合理的解決。這最初稱之曰民俗學的方法，在《習俗與神話》中曾有說明，其方法是，如在一國見有顯是荒唐怪異的故事，要去找到別一國，在那裡也有類似的事，但在那裡是現行的習俗，不特並不荒唐怪異，卻正與那人民的禮儀思想相合。對於古希臘神話也是用同樣的方法，取別民族類似的故事來做比較，以現在尚有存留的信仰推測古時已經遺忘的意思，大旨可以明瞭，蓋古希臘人與今時某種土人其心理狀態有類似之處，即由此可得到類似的神話傳說之意義也。《神話儀式與宗教》第三章以下論野蠻人的心理狀態，約舉其特點有五，即一為萬物同等，均有生命與知識，二為信法術，三為信鬼魂，四為好奇，五為輕信。根據這裡的解說，我們已不難了解神話傳說以及童話的意思，但這只是入門，使我更知道得詳細一點的，還靠了別的兩種書，即是哈忒闌（Hartland）的《童話之科學》與麥扣洛克（Mac-culloch）的《小說之童年》。《童話之科學》第二章論野蠻人思想，差不多大意相同，全書分五目九章詳細敘說，《小說之童年》副題即云「民間故事與原始思想之研究」，分四類十四目，更為詳盡，雖出版於一九〇五年，卻還是此類書中之白眉，夷亞斯萊（Yearsley）在二十年後著《童話之民俗學》，亦仍不能超出其範圍也。神話與傳說童話元出一本，隨時變化，其一是宗教的，其二則是史地類，其三屬於文藝，性質稍有不同，而其解釋還是一樣，所以能讀神話而遂通童話，正是極自然的事。麥扣洛克稱其書曰「小說之童年」，即以民間故事為初民之小說，猶之朗氏謂說明事物原始的神話為野蠻人的科學，說的很有道理。我們看這些故事，未免因了考據癖要考察其意義，但同時也當作藝術品看待，得到好些悅樂。這樣我就又去搜尋各處童話，不過這裡的目的還是偏重在後者，雖然知道野蠻民族的也有價值，所收的卻多是歐亞諸國，自然也以少見為貴，如土耳其哥薩克俄國等。法國貝洛耳（Perrault），德國格林（Grimm）兄弟所編的故事集，是權威的著作，我所有的又都有安特路朗的長篇引言，很是有用，但為友人所借，帶到南邊去了，現尚無法索還也。

八，文化人類學　我因了安特路朗的人類學派的解說，不但懂得了神話及其同類的故事，而且也知道了文化人類學，這又稱為社會人類學，雖然本身是一種專門的學問，可是這方面的一點知識於讀書人很是有益，我覺得也是頗有趣味的東西。在英國的祖師是泰勒（Tylor）與拉薄克（Lubbock），所著《原始文明》與《文明之起源》都是有權威的書。泰勒又著有《人類學》，也是一冊很好入門書，雖是一八八一年的初板，近時卻還在翻印，中國廣學會曾經譯出，我於光緒丙午（一九〇六）在上海買到一部，不知何故改名為「進化論」，用有光紙印的，未免可惜，後來恐怕也早絕板了。但是於我最有影響的還是那《金枝》的有名的著者茀來則博士（J·G·Frazer）。社會人類學是專研究禮教習俗這一類的學問，據他說研究有兩方面，其一是野蠻人的風俗思想，其二是文明國的民俗，蓋現代文明國的民俗大都即是古代蠻風之遺留，也即是現今野蠻風俗的變相，因為大多數的文明衣冠的人物在心裡還依舊是個野蠻。因此這比神話學用處更大，它所講的包括神話在內，卻更是廣大，有些我們平常最不可解的神聖或猥褻的事項，經那麼一說明，神祕的面幕倏爾落下，我們懂得了的時候不禁微笑，這是同情的理解，可是威嚴的壓迫也就解消了。這於我們是很好很有益的，雖然於假道學的傳統未免要有點不利，但是此種學問在以偽善著稱的西國發達，未見有何窒礙，所以在我們中庸的國民中間，能夠多被接受本來是極應該的吧。茀來則的著作除《金枝》這一流的大部著書五部之外，還有若干種的單冊及雜文集，他雖非文人而文章寫得很好，這頗有點像安特路朗，對於我們非專門家而想讀他的書的人是很大的一個便利。他有一冊《普須該的工作》（*Psyche's Task*），是四篇講義專講迷信的，覺得很有意思，後來改名曰「魔鬼的辯護人」，日本已有譯本在巖波文庫中，仍用他的原名，又其《金枝》節本亦已分冊譯出。茀來則夫人所編《金枝上的葉子》又是一冊啟蒙讀本，讀來可喜又復有益，我在《夜讀抄》中寫過一篇介紹，卻終未能翻譯，這於今也已是十年前事了。此外還有一位原籍芬蘭而寄居英國的威思忒瑪克（Westermarck）教授，他的大著《道德觀念起源發達史》兩冊，於我影響也很深。茀來則在《金枝》第二分序言中曾說明各民族的道德法律均常在變動，不必說異地異族，就是同地同族的人，今昔異時，其道德觀念與行為亦遂不同。威思忒瑪克的書便是闡明這道德觀念的流動的專著，使我們確實明瞭的知道了道德的真相，雖然因此不免打碎了些五色玻璃似的假道學的擺設，但是為了生與生生而有的道德的本義則如一塊水晶，總是明澈的看得清楚了。我寫文章往往牽引到道德上去，這些書的影響可以說是原因之一部分，雖然其基本部分還是中國的與我自己的。威思忒瑪克的專門鉅著還有一部《人類婚姻史》，我所有的只是一冊小史，又六便士叢書中有一種曰「結婚」，只是八十頁的小冊子，卻是很得要領。同叢書中也有哈理遜女士的一冊《希臘羅馬神話》，大抵即根據前著《希臘神話論》所改寫者也。

拾遺丑

我的雜學

九，生物學　我對於人類學稍有一點興味，這原因並不是為學，大抵只是為了人，而這人的事情也原是以文化之起源與發達為主。但是人在自然中的地位，如嚴幾道古雅的譯語所謂化中人位，我們也是很想知道的，那麼這條道路略一拐彎便又一直引到生物與進化那邊去了。關於生物學我完全只是亂翻書的程度，說得好一點也就是涉獵，據自己估價不過是受普通教育過的學生應有的一點知識，此外加上多少從雜覽來的零碎數據而已。但是我對於這一方面的愛好，說起來原因很遠，並非單純的為了化中人位的問題而引起的。我在上文提及，以前也寫過幾篇文章講到過，我所喜歡的舊書中有一部分是關於自然名物的，如《毛詩草木疏》及《廣要》，《毛詩品物圖考》，《爾雅音圖》及郝氏《義疏》，汪日楨《湖雅》，《本草綱目》，《野菜譜》，《花鏡》，《百廿蟲吟》等。照時代來說，除《毛詩》、《爾雅》諸圖外最早看見的是《花鏡》，距今已將五十年了，愛好之心卻始終未變，在康熙原刊之外還買了一部日本翻本，至今也仍時時拿出來看。看《花鏡》的趣味，既不為的種花，亦不足為作文的參考，在現今說與人聽，是不容易被領解，更不必說同感的了。因為最初有這種興趣，後來所以牽連開去，應用在思想問題上面，否則即使要了解化中人位，生物學知識很是重要，卻也覺得麻煩，懶得去動手了吧。

外國方面認得懷德（Gilbert White）的博物學的通訊集最早，就是世間熟知的所謂「色爾彭的自然史」，此書初次出版還在清乾隆五十四年（一七八九），至今重印不絕，成為英國古典中唯一的一冊博物書。但是近代的書自然更能供給我們新的知識，於目下的問題也更有關係，這裡可以舉出湯漠孫（Thomson）與法勃耳（Fabre）二人來，因為他們於學問之外都能寫得很好的文章，這於外行的讀者是頗有益處的。湯謨孫的英文書收了幾種，法勃耳的《昆蟲記》只有全集日譯三種，英譯分類本七八冊而已。我在民國八年寫過一篇《祖先崇拜》，其中有云：

「我不相信世上有一部經典，可以千百年來當人類的教訓的，只有記載生物的生活現象的比阿洛吉，才可供我們參考，定人類行為的標準。」這也可以翻過來說，經典之可以作教訓者，因其合於物理人情，即是由生物學透過之人生哲學，故可貴也。我們聽法勃耳講昆蟲的本能之奇異，不禁感到驚奇，但亦由此可知焦理堂言生與生生之理，聖人不易，而人道最高的仁亦即從此出。再讀湯謨孫談落葉的文章，每片樹葉在將落之前，必先將所有糖分葉綠等貴重成分退還給樹身，落在地上又經蚯蚓運入土中，化成植物性壤土，以供後代之用，在這自然的經濟裡可以看出別的意義，這便是樹葉的忠藎，假如你要談教訓的話。《論語》裡有小子何莫學夫詩一章，我很是喜歡，現在倒過來說，多識於鳥獸草木之名，可以興，可以觀，可以群，可以怨，邇之事父，遠之事君，覺得也有新的意義，而且與事理也相合，不過事君當讀作盡力國事而已。說到這裡話似乎有點硬化了，其實這只是推到極端去說，若是平常我也只是當閒書看，派克洛夫忒（Pycroft）所著的《動物之求婚》與《動物之幼年》二書，我也覺得很有意思，雖然並不一定要去尋求什麼教訓。

十，兒童文學　民國十六年春間我在一篇小文中曾說，我所想知道一點的都是關於野蠻人的事，一是古野蠻，二是小野蠻，三是文明的野蠻。一與三是屬於文化人類學的，上文約略說及，這其二所謂小野蠻乃是兒童。因為照進化論講來，人類的個體發生原來和系統發生的程式相同，胚胎時代經過生物進化的歷程，兒童時代又經過文明發達的歷程，所以幼稚這一段落正是人生之蠻荒時期，我們對於兒童學的有些興趣這問題，差不多可以說是從人類學連續下來的。自然大人對於小兒本有天然的情愛，有時很是痛切，日本語中有「兒煩惱」一語，最有意味，莊子又說聖王用心，嘉孺子而哀婦人，可知無問高下人同此心，不過於這主觀的慈愛之上又加以客觀的了解，因而成立兒童學這一部門，乃是極後起的事，已在十九世紀的後半了。我在東京時得到高島平三郎編的《歌詠兒童的文學》及所著《兒童研究》，才對於這方面感到興趣，其時兒童學在日本也剛開始發展，斯丹萊賀爾（Stanley Hall）博士在西洋為斯學之祖師，所以後來參考的書多是英文的，塞萊（Sully）的《幼兒時期之研究》雖已經是古舊的書，我卻很是珍重，至今還時常想起。

以前的人對於兒童多不能正當理解，不是將他當作小型的成人，期望他少年老成，便將他看作不完全的小人，說小孩懂得什麼，一筆抹殺，不去理他。現在才知道兒童在生理心理上雖然和大人有點不同，但他仍是完全的個人，有他自己內外兩面的生活。這是我們從兒童學所得來的一點常識，假如要說救救孩子，大概都應以此為出發點的。自己慚愧對於經濟政治等無甚知識，正如講到婦女問題時一樣，未敢多說，這裡與我有關係的還只是兒童教育裡一部分，即是童話與兒歌。在二十多年前我曾寫過一篇《兒童的文學》，引用外國學者的主張，說兒童應該讀文學的作品，不可讀那些商人們編撰的讀本，念完了讀本雖然認識了字，卻不會讀書，因為沒有養成讀書的趣味。幼小的兒童不能懂名人的詩文，可以讀童話，唱兒歌，此即是兒童的文學。正如在《小說的童年》中所說，傳說故事是文化幼稚時期的小說，為古人所喜歡，為現時未發達的民族和鄉下人所喜歡，是他們共通的文學，這是確實無疑的了。

這樣話又說了回來，回到當初所說的小野蠻的問題上面，本來是我所想要知道的事情，覺得去費點心思稍為查考也是值得的。我在這裡至多也只把小朋友比做紅印第安人，記得在賀爾派的論文集中，有人說小孩害怕毛茸茸的東西和大眼睛，這是因為森林生活時代恐怖之遺留，似乎說的更新奇可喜，又有人說，小孩愛弄水乃是水棲生活的遺習，卻不知道究竟如何了。茀洛伊特的心理分析應用於兒童心理，頗有成就，曾讀瑞士波都安（Baudouin）所著書，有些地方覺得很有意義，說明希臘腫足王（Oidipus）的神話，最為確實，蓋此神話向稱難解，如依人類學派的方法亦未能解釋清楚者也。

拾遺寅

我的雜學

十一，性的心理　性的心理，這於我益處很大，我平時提及總是不惜表示感謝的。從前在論「自己的文章」的一文中曾云：

「我的道德觀恐怕還當說是儒家的，但左右的道與法兩家也都有點參合在內，外邊又加了些現代科學常識，如生物學人類學以及性的心理，而這末一點在我更為重要。古人有面壁悟道的，或是看蛇鬥蛙跳懂得寫字的道理，我卻從妖精打架上想出道德來，恐不免為傻大姐所竊笑吧。」

本來中國的思想在這方面是健全的，如《禮記》上說，飲食男女，人之大欲存焉。又莊子設為堯舜問答，嘉孺子而哀婦人，為聖王之所用心，氣象很是博大。但是後來文人墮落，漸益不成話說，我曾武斷的評定，只要看他關於女人或佛教的意見，如通順無疵，才可以算甄別及格，可是這多麼不容易呀。近四百年中也有過李贄王文祿俞正燮諸人，能說幾句合於情理的話，卻終不能為社會所容認，俞君生於近世，運氣較好，不大挨罵，李越縵只嘲笑他說，頗好為婦人出脫，語皆偏譎，似謝夫人所謂出於周姥者。這種出於周姥似的意見實在卻極是難得，榮啟期生為男子身，但自以為幸耳，若能知哀婦人而為之代言，則已得聖王之心傳，其賢當不下於周公矣。我輩生在現代的民國，得以自由接受性心理的新知識，好像是拿來一節新樹枝接在原有思想的老幹上去，希望能夠使它強化，自然發達起來，這個前途遼遠一時未可預知，但於我個人總是覺得頗受其益的。這主要的著作當然是藹理斯（Havelock Ellis）的《性的心理研究》。此書第一冊在一八九八年出版，至一九一〇年出第六冊，算是全書完成了，一九二八年續刊第七冊，彷彿是補遺的性質。一九三三年藹理斯又刊行了一冊簡本《性的心理》，為現代思想的新方面叢書之一，其時著者蓋已是七十四歲了。我學了英文，既不讀沙士比亞，不見得有什麼用處，但是可以讀藹理斯的原著，這時候我才覺得，當時在南京那幾年洋文講堂的功課可以算是不白費了。性的心理給予我們許多事實與理論，這在別的性學大家如福勒耳，勃洛赫，鮑耶爾，凡特威耳特諸人的書裡也可以得到，可是從那明淨的觀照出來的意見與論斷，卻不是別處所有，我所特別心服者就在於此。從前在《夜讀抄》中曾經舉例，敘說藹理斯的意見，以為性慾的事情有些無論怎麼異常以至可厭惡，都無責難或干涉的必要，除了兩種情形以外，一是關係醫學，一是關係法律的。這就是說，假如這異常的行為要損害他自己的健康，那麼他需要醫藥或精神治療的處置，其次假如這要損及對方的健康或權利，那麼法律就應加以干涉。這種意見我覺得極有道理，既不保守，也不急進，據我看來還是很有點合於中庸的吧。說到中庸，那麼這有點與中國接近，我真相信如中國保持本有之思想的健全性，則對於此類意思理解自至容易，就是我們現在也正還是託這庇蔭，希望思想不至於太是烏煙瘴氣化也。

十二，藹理斯的思想　藹理斯的思想我說他是中庸，這並非無稽，大抵可以說得過去，因為西洋也本有中庸思想，如在古希臘，不過中庸稱為有節，原意云康健心，反面為過度，原意云狂恣。藹理斯的文章裡多有這種表示，如《論聖芳濟》中云，有人以禁慾或耽溺為其生活之唯一目的者，其人將在尚未生活之前早已死了。又云，生活之藝術，其方法只在於微妙的混和取與舍二者而已。《性的心理》第六冊末尾有一篇跋文，最後的兩節云：

「我很明白有許多人對於我的評論意見不大能夠接受，特別是在末冊裡所表示的。有些人將以我的意見為太保守，有些人以為太偏激。世上總常有人很熱心的想扳住過去，也常有人熱心的想攫得他們所想像的未來。但是明智的人站在二者之間，能同情於他們，卻知道我們是永遠在於過渡時代。在無論何時，現在只是一個交點，為過去與未來相遇之處，我們對於二者都不能有任何怨懟。不能有世界而無傳統，亦不能有生命而無活動。正如赫拉克勒託斯在現代哲學的初期所說，我們不能在同一川流中入浴二次，雖然如我們在今日所知，川流仍是不息的迴流著。沒有一刻無新的晨光在地上，也沒有一刻不見日沒。最好是閒靜的招呼那熹微的晨光，不必忙亂的奔向前去，也不要對於落日忘記感謝那曾為晨光之垂死的光明。

在這道德的世界上，我們自己是那光明使者，那宇宙的歷程即實現在我們身上。在一個短的時間內，如我們願意，我們可以用了光明去照我們路程的周圍的黑暗。正如在古代火把競走——這在路克勒帖烏斯看來似是一切生活的象徵——裡一樣，我們手持火把，沿著道路奔向前去。不久就會有人從後面來，追上我們。我們所有的技巧便在怎樣的將那光明固定的炬火遞在他手內，那時我們自己就隱沒到黑暗裡去。」

這兩節話我頂喜歡，覺得是一種很好的人生觀，現代叢書本的《新精神》卷首，即以此為題詞，我時常引用，這回是第三次了。藹理斯的專門是醫生，可是他又是思想家，此外又是文學批評家，在這方面也使我們不能忘記他的績業。他於三十歲時刊行《新精神》，中間又有《斷言》一集，《從盧梭到普路斯忒》

出版時年已七十六，皆是文學思想論集，前後四十餘年而精神如一，其中如論惠忒曼，加沙諾伐，聖芳濟，《尼可拉先生》的著者勒帖夫諸文，獨具見識，都不是在別人的書中所能見到的東西。我曾說，精密的研究或者也有人能做，但是這樣寬闊的眼光，深厚的思想，實在是絕不易再得。事實上當然因為有了這種精神，所以做得那性心理研究的工作，但我們也希望可以從性心理養成一點好的精神，雖然未免有點我田引水，卻是很誠意的願望。由這裡出發去著手於中國婦女問題，正是極好也極難的事，我們小乘的人無此力量，只能守開卷有益之訓，暫以讀書而明理為目的而已。

拾遺卯

我的雜學

十三，醫學史與妖術史　關於醫學我所有的只是平人的普通知識，但是對於醫學史卻是很有興趣。醫學史現有英文字八冊，覺得勝家博士（Charles Singer）的為最好，日本文三冊，富士川遊著《日本醫學史》是一部鉅著，但是《醫學史綱要》似更為適用，也便於閱覽。醫療或是生物的本能，如犬貓之自舐其創是也，但其發展為活人之術，無論是用法術或用方劑，總之是人類文化之一特色，雖然與梃刃同是發明，而意義迥殊，中國稱蚩尤作五兵，而神農嘗藥辨性，為人皇，可以見矣。醫學史上所記便多是這些仁人之用心，不過大小稍有不同，我翻閱二家小史，對於法國巴斯德與日本杉田玄白的事跡，常不禁感嘆，我想假如人類要找一點足以自誇的文明證據，大約只可求之於這方面吧。我在「舊書回想記」裡這樣說過，已是四五年前的事，近日看伊略忒斯密士（Eliot Smith）所著《世界之初》，說創始耕種灌溉的人成為最初的王，在他死後便被尊崇為最初的神，還附有五千多年前的埃及石刻畫，表示古聖王在開掘溝渠，又感覺很有意味。案神農氏在中國正是極好的例，他教民稼穡，又發明醫藥，農固應為神，古語云，不為良相，便為良醫，可知醫之尊，良相云者即是諱言王耳。我常想到巴斯德從啤酒的研究知道了黴菌的傳染，這影響於人類福利者有多麼大，單就外科傷科產科來說，因了消毒的施行，一年中要救助多少人命，以功德論，恐怕十九世紀的帝王將相中沒有人可以及得他來。有一個時期我真想涉獵到黴菌學史去，因為受到相當大的感激，覺得這與人生及人道有極大的關係，可是終於怕得看不懂，所以沒有決心這樣做。但是這回卻又伸展到反對方面去，對於妖術史發生了不少的關心。據茂來（M · A · Murray）女士著《西歐的妖術》等書說，所謂妖術（witch-craft）即是古代土著宗教之遺留，大抵與古希臘的地母祭相近，只是被後來基督教所壓倒，變成祕密結社，被目為撒但之徒，痛加剿除，這就是中世有名的神聖審問，至十七世紀末始漸停止。中國有些食菜事魔的教門，以及清朝的「無生老母」的紅陽教等，也似乎是同一種類的東西。這巫教的說明論理是屬於文化人類學的，本來可以不必分別，不過我的注意不在它本身，卻在於被審問追跡這一段落，所以這裡名稱也就正稱之曰妖術。那些念佛宿山的老太婆們原來未必有什麼政見，一旦捉去拷問，供得荒唐顛到，結果坐實她們會得騎掃帚飛行，和宗旨不純正的學究同付火刑，真是冤枉的事。我記得楊惲以來的文字獄與孔融以來的思想獄，時感恐懼，因此對於西洋的神聖審問也感覺關切，而審問史關係神學問題為多，鄙性少信未能甚解，故轉而擷取妖術的一部分，了解較為容易。我的讀書本來是很雜亂的，別的方面或者也還可以料得到，至於妖術恐怕說來有點鶻突，亦未可知，但在我卻是很正經的一件事，也頗費心收羅數據，如散茂士（Summers）的四大著，即《妖術史》與《妖術地理》，《殭屍》，《人狼》，均是寒齋的珍本也。

十四，鄉土研究與民藝　我的雜覽從日本方面得來的也並不少。這大抵是關於日本的事情，至少也以日本為背景，這就是說很有點地方的色彩，與西洋的只是學問關係的稍有不同。有如民俗學本發源於西歐，涉獵神話傳說研究與文化人類學的時候便碰見好些交叉的處所，現在卻又來提起日本的鄉土研究，並不單因為二者學風稍殊之故，乃是別有理由的。《鄉土研究》刊行的初期，如南方熊楠那些論文，古今內外的引證，本是舊民俗學的一路，柳田國男的主張逐漸確立，成為國民生活之史的研究，名稱亦歸結於民間傳承。我們對於日本感覺興味，想要了解它的事情，在文學藝術方面摸索很久之後，覺得事倍功半，必須著手於國民感情生活，才有入處，我以為宗教最是重要，急切不能直入，則先注意於其上下四旁，民間傳承正是絕好的一條路徑。我覺得中國民眾的感情與思想集中於鬼，日本則集中於神，故欲了解中國須得研究禮俗，了解日本須得研究宗教。柳田氏著書極富，雖然關於宗教者不多，但如《日本之祭事》一書，給我很多的益處，此外諸書亦均多可作參證。當《遠野物語》出版的時候，我正住在本鄉，跑到發行所去要了一冊，共總刊行三百五十部，我所有的是第二九一號。因為書面上略有墨痕，想要另換一本，書店的人說這是編號的，只能順序出售，這件小事至今還記得清楚。這與《石神問答》都是明治庚戌（一九一〇）年出版，在《鄉土研究》創刊前三年，是柳田氏最早的著作，以前只有一冊《後狩詞記》，終於沒有能夠搜得。對於鄉土研究的學問我始終是外行，知道不到多少，但是柳田的學識與文章我很是欽佩，從他的許多著書裡得到不少的利益和悅樂。

與這同樣情形的還有日本的民藝運動與柳宗悅氏。柳氏本系《白樺》同人，最初所寫的多是關於宗教的文章，大部分收集在《宗教與其本質》一冊書內。我本來不大懂得宗教的，但柳氏諸文大抵讀過，這不但因為意思誠實，文章樸茂，實在也由於所講的是「神祕道」即神祕主義，閣中世紀基督教與佛道各分子而貫通之，所以雖然是檻外也覺得不無趣味。他又著有《朝鮮與其藝術》一書，其後有文集名曰「信與美」，則收輯關於宗教與藝術的論文之合集也。民藝運動約開始於二十年前，在《什器之美》論集與柳氏著《工藝之道》中意思說得最明白，大概與英國摩理斯（W·Morris）的拉飛爾前派主張相似，求美於日常用具，集團的工藝之中，其虔敬的態度前後一致，信與美一語洵足以包括柳氏學問與事業之全貌矣。民藝博物館於數年前成立，惜未及一觀，但得見圖錄等，已足令人神怡。柳氏著《初期大津繪》，淺井巧著《朝鮮之食案》，為民藝叢書之一，淺井氏又有《朝鮮陶器名匯》，均為寒齋所珍藏之書。又柳氏近著《和紙之美》，中附樣本二十二種，閱之使人對於佳紙增貪惜之念。壽嶽文章調查手漉紙工業，得其數種著書，近刊行其《紙漉村旅日記》，則附有樣本百三十四，照相百九十九，可謂大觀矣。式場隆三郎為精神病院長，而經管民藝博物館與《民藝月刊》，著書多種，最近得其大板隨筆《民藝與生活》之私家板，只印百部，和紙印刷，有芹澤銈介作插畫百五十，以染繪法作成後製板，再一一著色，覺得比本文更耐看。中國的道學家聽之恐要說是玩物喪志，唯在鄙人則固唯有感激也。

拾遺辰

我的雜學

十五，江戶風物與浮世繪　我平常有點喜歡地理類的雜地誌這一流的書，假如是我比較的住過好久的地方，自然特別注意，例如紹興，北京，東京雖是外國，也算是其一。對於東京與明治時代我彷彿頗有情分，因此略想知道它的人情物色，延長一點便進到江戶與德川幕府時代，不過上邊的戰國時代未免稍遠，那也就夠不到了。最能談講明治維新前後的事情的要推三田村鳶魚，但是我更喜歡馬場孤蝶的《明治之東京》，因為他自己也是個文人的緣故，可惜他寫的不很多。看圖畫自然更有意思，最有藝術及學問的意味的，有戶塚正幸即東東亭主人所編的《江戶之今昔》，福原信三編的《武藏野風物》。前者有圖板百另八枚，大抵為舊東京府下今昔史蹟，其中又收民間用具六十餘點，則兼涉及民藝，後者為日本寫真會會員所合作，以攝取漸將亡失之武藏野及鄉土之風物為課題，共收得照片千點以上，就中選擇編印成集，共一四四枚，有柳田氏序。描寫武藏野一帶者，國木田獨步德富蘆花以後人很不少，我覺得最有意思的卻是永井荷風的《日和下馱》，曾經讀過好幾遍，也引用過幾回，翻看這些寫真集的時候又總不禁想起書裡的話來。

再往前去這種數據當然是德川時代的浮世繪了。小島烏水的《浮世繪與風景畫》已有專書，廣重有

《東海道五十三次》，北齋有《富嶽三十六景》等，幾乎世界聞名，我們看復刻本也就夠有趣味，因為這不但畫出風景，又是特殊的彩色木板畫，與中國的很不相同。但是浮世繪的重要特色不在風景，乃是在於市井風俗，這是它所以稱為浮世繪的原因，這一面也是我們所要看的。背景是市井，人物卻多是女人，除了一部分畫優伶面貌的以外，而女人又多以妓女為主，因此講起浮世繪便總容易牽連到吉原遊廓，事實上這二者確有極密切的關係。畫面很是富麗，色彩也很豔美，可是這裡邊常有一抹暗影，或者可以說是東洋色，讀中國的藝與文，以至於道也總有此意，在這畫上自然也更明瞭。永井荷風著《江戶藝術論》第一章論浮世繪之鑑賞中，第五節有云：

「我反省自己是什麼呢？我非威耳哈倫（Verhaeren）似的比利時人而是日本人也，生來就和他們的運命及境遇迥異的東洋人也。戀愛的至情不必說了，凡對於異性的性慾的感覺悉視為最大的罪惡，我輩即奉戴此法制者也。承受『勝不過啼哭的小孩和里長』的教訓之人類也，知道『說話則唇寒』的國民也。使威耳哈倫感奮的那滴著鮮血的肥羊肉與芳醇的蒲桃酒與強壯的婦女之繪畫，都於我有什麼用呢？嗚呼，我愛浮世繪。苦海十年為親賣身的遊女的繪姿使我泣。憑倚竹窗茫然看著流水的藝妓的姿態使我喜。賣宵夜面的紙燈寂寞的停留著的河邊的夜景使我醉。雨夜啼月的杜鵑，陣雨中散落的秋天樹葉，落花飄風的鐘聲，途中日暮的山路的雪，凡是無常，無告，無望的，使人無端嗟嘆此世只是一夢的，這樣的一切東西，於我都是可親，於我都是可懷。」

這一節話我引用過恐怕不止三次了。我們因為是外國人，感想未必完全與永井氏相同，但一樣有的是東洋人的悲哀，所以於當作風俗畫看之外，也常引起悵然之感，古人聞清歌而喚奈何，豈亦是此意耶。

十六，川柳落語與滑稽本　浮世繪如稱為風俗畫，那麼川柳或者可以稱為風俗詩吧。說也奇怪，講浮世繪的人後來很是不少了，但是我最初認識浮世繪乃是由於宮武外骨的雜誌《此花》，也因了他而引起對於川柳的興趣來的。外骨是明治大正時代著述界的一位奇人，發刊過許多定期或單行本，而多與官僚政治及假道學相牴觸，被禁至三十餘次之多。其刊物皆鉛字和紙，木刻插圖，涉及的範圍頗廣，其中如《筆禍史》，《私刑類纂》，《賭博史》，《猥褻風俗史》等，《賣春婦異名集》一名「笑的女人」，《川柳語彙》，都很別緻，也甚有意義。《此花》是專門與其說研究不如說介紹浮世繪的月刊，繼續出了兩年，又編刻了好些畫集，其後同樣的介紹川柳，雜誌名曰「變態知識」，若前出的《語彙》乃是入門之書，後來也還沒有更好的出現。

川柳是雋用十七字音做成的諷刺詩，上者體察物理人情，直寫出來，令人看了破顏一笑，有時或者還感到淡淡的哀愁，此所謂有情滑稽，最是高品，其次找出人生的缺陷，如繡花針噗哧的一下，叫聲好痛，卻也不至於刺出血來。這種詩讀了很有意思，不過這正與笑話相像，以人情風俗為材料，要理解它非先知道這些不可，不是很容易的事。川柳的名家以及史家選家都不濟事，還是考證家要緊，特別是關於前時代的古句，這與江戶生活的研究是不可分離的。這方面有西原柳雨，給我們寫了些參考書，大正丙辰（一九一六）年與佐佐醒雪共著的《川柳吉原志》出得最早，十年後改出補訂本，此外還有幾種類書，只可惜《川柳風俗志》出了上卷，沒有能做得完全。我在東京只有一回同了妻和親戚家的夫婦到吉原去看過夜櫻，但是關於那裡的習俗事情卻知道得不少，這便都是從西原及其他書本上得來的。這些知識本來也很有用，在江戶的平民文學裡所謂「花魁」（oiran）是常在的，不知道她也總得遠遠的認識才行。即如民間娛樂的落語，最初是幾句話可以說了的笑話，後來漸漸拉長，明治以來在寄席即雜耍場所演的，大約要花上十廿分鐘了吧，他的材料固不限定，卻也是說遊裡者為多。森鷗外在一篇小說中曾敘述說落語的情形云：

「第二個說話人交替著出來，先謙遜道，人是換了卻也換不出好處來。又作破題云，客官們的消遣就是玩玩窯姐兒。隨後接著講工人帶了一個不知世故的男子到吉原去玩的故事。這實在可以說是吉原入門的講義。」語雖詼諧，卻亦是實情，正如中國笑話原亦有腐流殊稟等門類，而以屬於閨風世諱者為多，唯因無特定遊裡，故不顯著耳。江戶文學中有滑稽本，也為我所喜歡，十返舍一九的《東海道中膝慄毛》，式亭三馬的《浮世風呂》與《浮世床》可為代表，這是一種滑稽小說，為中國所未有。前者借了兩個旅人寫他們路上的遭遇，重在特殊的事件，或者還不很難，後者寫澡堂理髮館裡往來的客人的言動，把尋常人的平凡事寫出來，都變成一場小喜劇，覺得更有意思。中國在文學與生活上都缺少滑稽分子，不是健康的徵候，或者這是假道學所種下的病根歟。

拾遺巳

我的雜學

十七，俗曲與玩具　我不懂戲劇，但是也常涉獵戲劇史。正如我翻閱希臘悲劇的起源與發展的史料，得到好些知識，看了日本戲曲發達的徑路也很感興趣，這方面有兩個人的書於我很有益處，這是佐佐醒雪與高野斑山。高野講演劇的書更後出，但是我最受影響的還是佐佐的一冊《近世國文學史》。佐佐氏於明治三十二年（一八九九）戊戌刊行《鶉衣評釋》，庚子刊行評釋近松《天之網島》，辛亥出《國文學史》，那時我正在東京，即得一讀，其中有兩章略述歌舞伎與淨琉璃二者發達之跡，很是簡單明瞭，至今未盡忘記。橫井也有著的俳文集《鶉衣》固所喜歡，近松的《世話淨琉璃》也想知道，這評釋就成為頂好的入門書，事實上我好好的細讀過的也只是這冊《天之網島》，讀後一直留下很深的印象。這類曲本大都以情死為題材，日本稱曰心中，《澤瀉集》中曾有一文論之。在《懷東京》中說過，俗曲裡禮讚戀愛與死，處處顯出人情與義理的衝突，偶然聽唱「義太夫」，便會遇見「紙治」，這就是《天之網島》的俗名，因為裡邊的主角是紙店的治兵衛與妓女小春。日本的平民藝術彷彿善於用優美的形式包藏深切的悲苦，這似是與中國很不同的一點。佐佐又著有《俗曲評釋》，自江戶長唄以至端唄共五冊，皆是抒情的歌曲，與敘事的有殊，乃與民謠相連線。高野編刊《俚謠集拾遺》時號斑山，後乃用本名辰之，其專門事業在於歌謠，著有《日本歌謠史》，編輯日本歌謠整合共十二冊，皆是大部鉅著。此外有湯朝竹山人，關於小唄亦多著述，寒齋所收有十五種，雖差少書卷氣，但亦可謂勤勞矣。民國十年（一九二一）時曾譯出俗歌六十首，收在《陀螺》裡邊，大都是寫遊女蕩婦之哀怨者，如木下杢太郎所云，耽想那卑俗的但是充滿眼淚的江戶平民藝術以為樂，此情三十年來蓋如一日，今日重讀仍多所感觸。歌謠有一部分為兒童歌，別有天真爛漫之趣，至為可喜，唯較好的總集尚不多見，案右只有村尾節三編的一冊《童謠》，尚是大正己未（一九一九）年刊也。

與童謠相關連者別有玩具，也是我所喜歡的，但是我並未蒐集實物，雖然遇見時也買幾個，所以平常翻看的也還是圖錄以及時代與地方的紀錄。在這方面最努力的是有阪與太郎，近二十年中刊行好些圖錄，所著有《日本玩具史》前後編，《鄉土玩具大成》與《鄉土玩具展望》，只可惜《大成》出了一冊，《展望》下卷也還未出版。所刊書中有一冊《江都二色》，每葉畫玩具二種，題諧詩一首詠之，木刻著色，原本刊於安永癸巳，即清乾隆三十八年（一七七三）。我曾感嘆說，那時在中國正是大開四庫館，刪改皇侃的《論語疏》，日本卻是江戶平民文學的爛熟期，浮世繪與狂歌發達到極頂，乃迸發而成此一卷玩具圖詠，至可珍重。現代畫家以玩具畫著名者亦不少，畫集率用木刻或玻璃板，稍有蒐集，如清水晴風之《垂髫之友》，川崎巨泉之《玩具畫譜》，各十集，西澤笛畝之《雛十種》等。西澤自號比那舍主人，（比那即雛字，或是雛形之意，日本用為一種土木偶人的名稱，大抵男女一對）亦作玩具雜畫，以雛與人形為其專門，因故赤間君的介紹，曾得其寄贈大著《日本人形整合》及《人形大類聚》，深以為感。又得到菅野新一編《藏王東之木孩兒》，木板畫十二枚，解說一冊，菊楓會編《古計志加加美》，則為菅野氏所寄贈，均是講日本東北地方的一種木雕人形的。「古計志加加美」改寫漢字為「小芥子鑒」，以玻璃板列舉工人百八十四名所作木偶三百三十餘枚，可謂大觀。此木偶名為小芥子，而實則長五寸至一尺，旋圓棒為身，上著頭，畫為垂髮小女，著簡單彩色，質樸可喜，一稱為木孩兒。菅野氏著系非賣品，《加加美》則只刊行三百部，故皆可紀念也。三年前承在北京之國府氏以古計志二軀見贈，曾寫打油詩報之云：

芥子人形亦妙哉，出身應自埴輪來。
小孫望見嘻嘻笑，何處娃娃似棒槌。

依照《江都二色》的例，以狂詩題玩具，似亦未為不適當，只是草草恐不能相稱為愧耳。

十八，外國語　我的雜學如上邊所記，有大部分是從外國得來的，以英文與日本文為媒介，這裡分析起來，大抵從西洋來的屬於知的方面，從日本來的屬於情的方面為多，對於我卻是一樣的有益處。我學英文當初為的是須得讀學堂裡的課本，本來是敲門磚，後來離開了江南水師，便沒有什麼用了，姑且算作中學常識之一部分，有時利用了來看點書，得些現代的知識也好，也還是磚的作用，終於未曾走到英文學門裡去，這個我並不怎麼悔恨，因為自己的力量只有這一點，要想入門是不夠的。日本文比英文更不曾好好的學過，老實說除了丙午丁未之際，在駿河台的留學生館裡，跟了菊地勉先生聽過半年課之外，便是懶惰的時候居多，只因住在東京的關係，耳濡目染的慢慢的記得，其來源大抵是家庭的說話，看小說看報，聽說書與相聲，沒有講堂的嚴格的訓練，但是後面有社會的背景，所以還似乎比較容易學習。這樣學了來的言語，有如一顆草花，即使是石竹花也罷，是有根的盆栽，與插瓶的大朵大理菊不同，其用處也就不大一樣。我看日本文的書，並不專是為得透過了這文字去抓住其中的知識，乃是因為對於此事物感覺有點興趣，連文字來賞味，有時這文字亦為其佳味之一分子，不很可以分離，雖然我們對於外國語想這樣辨別，有點近於妄也不容易，但這總也是事實。我的關於日本的雜覽既然多以情趣為本，自然其態度也與求知識稍有殊異，文字或者仍是敲門的一塊磚頭，不過對於磚也會得看看花紋式樣，不見得用了立即扔在一旁。我深感到日本文之不好譯，這未必是客觀的事實，只是由我個人的經驗，或者因較英文多少知道一分的緣故，往往覺得字義與語氣在微細之處很難兩面合得恰好，大概可以當作一個證明。明治大正時代的日本文學，曾讀過些小說與隨筆，至今還有好些作品仍是喜歡，有時也拿出來看，即以雜誌名代表派別，大抵有保登登岐須，昴，三田文學，新思潮，白樺諸種，其中作家多可佩服，今亦不復列舉，因生存者尚多，暫且謹慎。

此外的外國語，曾學過古希臘文與世界語。我最初學習希臘文，目的在於改譯《新約》至少也是四福音書為古文，與佛經庶可相比，及至回國以後卻又覺得那官話譯本已經夠好了，用不著重譯，計劃於是歸於停頓。過了好些年之後，才把海羅達思的《擬曲》譯出，附加幾篇牧歌，在上海出版，可惜板式不佳，細字長行大頁，很不成樣子。極想翻譯歐裡庇得斯的悲劇《特洛亞的女人們》，躊躇未敢下手，僅於民國廿六七年間譯阿波羅多洛斯的神話集，本文幸已完成，寫註釋才成兩章，擱筆的次日即廿八年的元日，工作一頓挫就延到現今，未能續寫下去，但是這總是極有意義的事，還想設法把它做完。世界語是我自修得來的，原是一冊用英文講解的書，我在暑假中臥讀消遣，一連兩年沒有一口氣把它讀完，均歸無用，至第三年乃決心把這五十課學習完畢，以後借了字典的幫助漸漸的看起書來。那時世界語很不易得，只知道在巴黎有書店發行，恰巧蔡孑民先生行遁歐洲，便寫信託他代買，大概寄來了有七八種，其中有《世界語文選》與《波蘭小說選集》至今還收藏著，民國十年在西山養病的時候，曾從這裡邊譯出幾篇波蘭的短篇小說，可以作為那時困學的紀念。世界語的理想是很好的，至於能否實現則未可知，反正事情之成敗與理想之好壞是不一定有什麼關係的。我對於世界語的批評是這太以歐語為基本，不過如替柴孟訶甫設想也是無可如何的，其缺點只是在沒有學過一點歐語的中國人還是不大容易學會而已。

我的雜學原來不足為法，有老朋友曾批評說是橫通，但是我想勸現代的青年朋友，有機會多學點外國文，我相信這當是有益無損的。俗語云，開一頭門，多一路風。這本來是勸人謹慎的話，但是借了來說，學一種外國語有如多開一面門窗，可以放進風日，也可以眺望景色，別的不說，這也總是很有意思的事吧。

我的雜學

十九，佛經　我的雜學裡邊最普通的一部分，大概要算是佛經了吧。但是在這裡正如在漢文方面一樣，也不是正宗的，這樣便與許多讀佛經的人走的不是一條路了。四十年前在南京學堂的時候，曾經叩過楊仁山居士之門，承蒙傳諭可修淨土，雖然我讀了《阿彌陀經》各種譯本，覺得安養樂土的描寫很有意思，又對於先到淨土再行進修的本意，彷彿是希求住在租界裡好用功一樣，也很能了解，可是沒有興趣這樣去做。禪宗的語錄看了很有趣，實在還是不懂，至於參證的本意，如書上所記俗僧問溪水深淺，被從橋上推入水中，也能了解而且很是佩服，然而自己還沒有跳下去的意思，單看語錄有似意存稗販，未免慚愧，所以這一類書雖是買了些，都擱在書架上。佛教的高深的學理那一方面，看去都是屬於心理學玄學範圍的，讀了未必能懂，因此法相宗等均未敢問津。這樣計算起來，幾條大道都不走，就進不到佛教裡去，我只是把佛經當作書來看，而且是漢文的書，所得的自然也只在文章及思想這兩點上而已。

《四十二章經》與《佛遺教經》彷佛子書文筆，就是儒者也多喜稱道，兩晉六朝的譯本多有文情俱勝者，什法師最有名，那種駢散合用的文體當然因了新的需要而興起，但能恰好的利用舊文字的能力去表出新意思，實在是很有意義的一種成就。這固然是翻譯史上的一段光輝，可是在國文學史意義也很不小，六朝之散文著作與佛經很有一種因緣，互動的作用，值得有人來加以疏通證明，於漢文學的前途也有絕大的關係。十多年前我在北京大學講過幾年六朝散文，後來想添講佛經這一部分，由學校規定名稱曰佛典文學，課程綱要已經擬好送去了，七月初發生蘆溝橋事變，事遂中止。課程綱要稿尚存在，重錄於此：

「六朝時佛經翻譯極盛，文亦多佳勝。漢末譯文模仿諸子，別無多大新意，唐代又以求信故，質勝於文。唯六朝所譯能運用當時文詞，加以變化，於普通駢散文外造出一種新體制，其影響及於後來文章者亦非淺鮮。今擬選取數種，少少講讀，注意於譯經之文學的價值，亦並可作古代翻譯文學看也。」至於從這裡邊看出來的思想，當然是佛教精神，不過如上文所說，這不是甚深義諦，實在但是印度古聖賢對於人生特別是近於入世法的一種廣大厚重的態度，根本與儒家相通而更為徹底，這大概因為它有那中國所缺少的宗教性。我在二十歲前後讀《大乘起信論》無有所得，但是見了《菩薩投身飼餓虎經》，這裡邊的美而偉大的精神與文章至今還時時記起，使我感到感激，我想大禹與墨子也可以說具有這種精神，只是在中國這情熱還只以對人間為限耳。又《布施度無極經》云：

「眾生擾擾，其苦無量，吾當為地。為旱作潤，為溼作筏。饑食渴漿，寒衣熱涼。為病作醫，為冥作光。若在濁世顛到之時，吾當於中作佛，度彼眾生矣。」這一節話我也很是喜歡，本來就只是眾生無邊誓願度的意思，卻說得那麼好，說理與美和合在一起，是很難得之作。經論之外我還讀過好些戒律，有大乘的也有小乘的，雖然原來小乘律註明在家人勿看，我未能遵守，違了戒看戒律，這也是頗有意思的事。我讀《梵網經》菩薩戒本及其他，很受感動，特別是賢首《梵網戒疏》，是我所最喜讀的書。嘗舉食肉戒中語，一切眾生肉不得食，夫食肉者斷大慈悲佛性種子，一切眾生見而捨去，是故一切菩薩不得食一切眾生肉，食肉得無量罪。曾加以說明云，我讀《舊約·利未記》，再看大小乘律，覺得其中所說的話要合理得多，而上邊食肉戒的措辭我尤為喜歡，實在明智通達，古今莫及。又盜戒下註疏云：

「善見雲，盜空中鳥，左翅至右翅，尾至顛，上下亦爾，俱得重罪。準此戒，縱無主，鳥身自為主，盜皆重也。」鳥身自為主，這句話的精神何等博大深厚，我曾屢次致其讚歎之意，賢首是中國僧人，此亦是足強人意的事。我不敢妄勸青年人看佛書，若是三十歲以上，國文有根柢，常識具足的人，適宜的閱讀，當能得些好處，此則鄙人可以明白回答者也。

二十，結論　我寫這篇文章本來全是出於偶然。從《儒林外史》裡看到雜覽雜學的名稱，覺得很好玩，起手寫了那首小引，隨後又加添三節，作為第一分，在雜誌上發表了。可是自己沒有什麼興趣，不想再寫下去了，然而既已發表，被催著要續稿，又不好不寫，勉強執筆，有如秀才應歲考似的，把肚裡所有的幾百字拼湊起來繳卷，也就可以應付過去了吧。這真是成了雞肋，棄之並不可惜，食之無味那是毫無問題的。這些雜亂的事情，要怎樣安排得有次序，敘述得詳略適中，固然不大容易，而且寫的時候沒有興趣，所以更寫不好，更是枯燥，草率。我最怕這成為自畫自讚。罵猶自可，贊不得當乃尤不好過，何況自讚乎？因為竭力想避免這個，所以有些地方覺得不免太簡略，這也是無可如何的事，但或者比多話還好一點亦未可知。總結起來看過一遍，把我雜覽的大概簡略的說了，還沒有什麼自己誇獎的地方，要說句好話，只能批八個字云，國文粗通，常識略具而已。我從古今中外各方面都受到各樣影響，分析起來，大旨如上邊說過，在知與情兩面分別承受西洋與日本的影響為多，意的方面則純是中國的，不但未受外來感化而發生變動，還一直以此為標準，去酌量容納異國的影響。這個我向來稱之曰儒家精神，雖然似乎有點籠統，與漢以後尤其是宋以後的儒教顯有不同，但為表示中國人所有的以生之意志為根本的那種人生觀，利用這個名稱殆無不可。我想神農大禹的傳說就從這裡發生，積極方面有墨子與商韓兩路，消極方面有莊楊一路，孔孟站在中間，想要適宜的進行，這平凡而難實現的理想我覺得很有意思，以前屢次自號儒家者即由於此。佛教以異域宗教而能於中國思想上占很大的勢力，固然自有其許多原因，如好談玄的時代與道書同尊，講理學的時候給儒生作參考，但是其大乘的思想之入世的精神與儒家相似，而且更為深徹，這原因恐怕要算是最大的吧。這個主意既是確定的，外邊加上去的東西自然就只在附屬的地位，使它更強化與高深化，卻未必能變其方向。我自己覺得便是這麼一個頑固的人，我的雜學的大部分實在都是我隨身的附屬品，有如手錶眼鏡及草帽，或是吃下去的滋養品如牛奶糖之類，有這些幫助使我更舒服與健全，卻並不曾把我變成高鼻深目以至有牛的氣味。我也知道偏愛儒家中庸是由於癖好，這裡又缺少一點熱與動力，也承認是美中不足。儒家不曾說「怎麼辦」，像猶太人和斯拉夫人那樣，便是證據。我看各民族古聖的畫像也覺得很有意味，猶太的眼向著上是在祈禱，印度的伸手待接引眾生，中國則常是叉手或拱著手。我說儒家總是從大禹講起，即因為他實行道義之事功化，是實現儒家理想的人。近時我曾說，中國現今緊要的事有兩件，一是倫理之自然化，二是道義之事功化。前者是根據現代人類的知識調整中國固有的思想，後者是實踐自己所有的理想適應中國現在的需要，都是必要的事。此即我雜學之歸結點，以前種種說話，無論怎麼的直說曲說，正說反說，歸根結柢的意見還只在此，就只是表現得不充足，恐怕讀者一時抓不住要領，所以在這裡贅說一句。我平常不喜歡拉長了面孔說話，這回無端寫了兩萬多字，正經也就枯燥，彷彿招供似的文章，自己覺得不但不滿而且也是無謂。

這樣一個思想徑路的簡略地圖，我想只足供給要攻擊我的人，知悉我的據點所在，用作進攻的參考與準備，若是對於我的友人這大概是沒有什麼用處的。寫到這裡，我忽然想到，這篇文章的題目應該題作「愚人的自白」才好，只可惜前文已經發表，來不及改正了。民國三十三年，七月五日。

後記

我寫那篇《我的雜學》，還是在甲申（一九四四）年春夏之交，去今也已有十八九年，有些事情已經變了樣子了。其一是勝利之後，經國民黨政府的劫收，沒有什麼值錢的東西，只是一隻手錶和一小方田黃的圖章，朱文日聖清宗室盛昱，為特務所掠，唯書物悉蕩然無存，有些歸了圖書館，有些則不可問矣。所以文中所記的書籍，已十不存一，蕭老公云，自我得之，自我失之，亦復何恨，昔曾寫「舊書回想記」，略記漢文舊籍，正可補此處之缺。其二則是解放之後，我的翻譯工作大有進展，《我的雜學》第六節中所說兩種的希臘神話，都已翻譯完成，並且二者都譯了兩遍，可以見我對於它們的熱心了。《古希臘的神與英雄與人》於一九五〇年在上海出版，印行了相當的冊數，後來改名「希臘神話故事」，又在天津印過，因為這雖是基督教國人所寫，但究竟要算好的，自己既然寫不出，怎麼好挑剔別人呢？至於那部希臘人所自編的神話集，因初次的譯稿經文化基金編譯會帶往香港去了，弄得行蹤不明，於一九五一年從新翻譯，已經連註釋一起脫稿，但是尚未付印，日本高津春繁有一九五三年譯本，收在巖波文庫中。此外還譯出些希臘作品，已詳上文一八四節以下「我的工作」裡邊，這裡不重述了。日本的滑稽本也譯了兩種，有《浮世澡堂》即是《浮世風呂》，我翻譯了兩編四卷，已於一九五八年出版，《浮世床》則譯名「浮世理髮館」，全書兩編五卷，也是已經譯出了。

我開始寫這知堂回想錄，還是在一年多以前，曹聚仁先生勸我寫點東西，每回千把字，可以繼續登載的，但是我並不是小說家，有什麼材料可這樣的寫呢？我想，我所有的唯一的材料就是我自己的事情，雖然吃飯已經吃了七八十年，經過好些事情，但是這值得去寫麼？況且我又不是創作家，只知道據實直寫，不會加添枝葉，去裝成很好的故事，結果無非是白花氣力。可是當我把這意思告訴了曹先生之後，他卻大為贊成，竭力攛掇我寫，並且很以我的只有事實而無詩的主張為然，我聽了他的話，就開始動筆。我當初以為是事情很是簡單，至多寫上幾十章就可完了，不料這一寫就幾乎兩年，竟拉長到二百章以上，約計有三十八萬字的樣子，我自己也不知道哪裡有這許多話可講，只覺得有些地方已經很節約了，因為過去的瑣屑事對於現代青年恐怕沒有趣味，有的是年代久遠所以忘懷了，沒有能夠記述清楚。還有一層，是凡我的私人關係的事情都沒有記，這又不是鄉試朱捲上的履歷，要把家族歷記在上面。與其記那些，倒是家鄉的歲時習俗，我是覺得很有意思，頗想記一點下來，可是這終於沒有機會插到裡邊去，而且在我族叔觀魚先生的那本書裡有一個附錄，是《紹興的風俗習尚》，已夠好了，不必再來多事。此外有些不關我個人的事情，我也有故意略掉的，這理由也就無須說明瞭，因為這既是不關我個人的事，那麼要說它豈不是「鄰貓生子」麼？

古來聖人教人要「自知」，其實這自知著實不是一件容易的事情。說以不知為不知似乎是不難，但是說到知，到底知的是什麼，便很有點不明白了。即如上文所說的「雜學」，裡邊十之八九只不過是對於這個有點興趣，想要知道罷了，實在只寫得「起講」的且夫二字，要說多少有點了解還只有本國的文字和思想。因為深知八股與八家文與假道學的害處，翻過來尋求出路，便寫下了那些雜學的文章，實在也不知道自己所走的路是走的對不對。據我自己的看法，在那些說道理和講趣味的之外，有幾篇古怪題目的如

《賦得貓》，《關於活埋》，《榮光之手》這些，似乎也還別緻，就只可惜還有許多好題材，因為準備不能充分，不曾動得手，譬如八股文，小腳和雅片煙都是。這些本該都寫進《我的雜學》裡去，那些物事我是那麼想要研究，就只是缺少研究的方便。可是人苦不自知，那裡我聯想起那世界有名的安徒生（H・C・Andersen）來。他既以創作童話成名，可是他還懷戀他的躄腳小說《兩個男爵夫人》，晚年還對英國的文人戈斯（E・Gosse）陳訴說，他們是不是有一天會丟掉了那勞什子（指童話），回到《兩個男爵夫人》來呢？我的那些文章說不定正是我的《兩個男爵夫人》，雖然我並無別的童話。這也正是很難說呢。

一九六二年十一月三十日。

後序

這篇文章，應該名叫後記的，但是我檢視回想錄的目錄，卻已有一節後記了，而且這乃是一九六三年的一月所寫，距今是整整的三年，我也不記得裡邊說的是些什麼了，所以只能把我現在所寫改換一下叫做後序，反正所改換的只是一個名目，裡邊所寫的無非我想說的這幾句話。這話可以分作三點來說。——關於三點有個笑話，很值得記錄它一下，以前維新很講究演說這一套的時候，演說者開頭總說所要講的共有幾點，說三點或是五點，而闡說一點的時間往往費的很多，因此聽者很感苦惱，聽說共有幾點就很頭痛。有的講演者知道了這個情形，便來改良一下，說所要講的只有幾點，不說出數目來，可是這一下卻更糟了，說數目時使人苦惱，不說時使人恐慌了，因為不知道他所說的究竟共有若干，是十點或是八點呢。不過我所說者很是簡單，乾脆就是三點，所費的時間一總不會超過一小時，雖然我這開頭似乎有點拉長的樣子，與回想錄的全體相像，很有些嚕嗦。

且說第一點，我要在這裡首先謝謝曹聚仁先生，因為如沒有他的幫忙，這部書是不會得出版的，也可以說是從頭就不會得寫的。當初他說我可以給報紙寫點稿，每月大約十篇，共總一萬字，這個我很願意，但是題目難找，材料也不易得，覺得有點為難，後來想到寫自己的事，那材料是不會缺乏的，那就比較的容易得多了。我把這個意思告知了他，回信很是贊成，於是我開始寫「知堂回想」，陸續以業餘的兩整年的工夫，寫成了三十多萬字，前後寄稿凡有九十次，都是由曹先生經手收發的。這是回想錄的前半的事情，即是它的誕生經過。但是還有它的後半，這便是它的出版，更是由於他的苦心經營，乃得有成。我於本書毫無敝帚自珍的意思，不過對他那種久要不忘的待人的熱心，辦事的毅力，那是不能不表示感佩的。這大約可以說是蔣畈精神的表現吧。

第二點是說這回想錄寫得太長了。這長乃是事實，沒有法子可以辯解，而且其實如要寫得詳盡，恐怕這還可以加上兩倍，至少有一百萬字，這便是一種辯解。因為年紀活得太多了，所以見聞也就不少，要拉雜的不加選擇的說起來，話就是說不完的。我平常總是這麼想，人不可太長壽，普通在四十以後死了最是得體，這也不以聽兼好法師的教訓才知道，可是人生不自由，就這一點也不能自己作主，不知道這是怎麼幹的，一下子就活到八十，（其實現在是實年八十一了）實在是活得太長了。從前聖王帝堯曾對華封人說道，「壽則多辱」，這雖是一時對於祝頌的謙抑的回答，其實是不錯的。人多活一年，便多有些錯誤以及恥辱，這在唐堯且是如此，何況我們呢。但是話要說回來，活到古來稀的長壽雖然並不一定是好事，可是也可以有若干的好處。即如我不曾在日軍刺客光臨苦雨齋的那時成為烈士，活到解放以後，得以看見國家飛躍的進步，並且得以參加譯述工作，於一九六二年七月至一九六五年五月這三年中間，譯成了路吉阿諾斯（Loukianos）對話集一卷，凡二十篇，計四十餘萬字。這是我四十年來蓄意想做的工作，一直無法實現的，到現在總算成功了。這都是我活到了八十歲，所以才能等到的，前年，《新晚報》上有過我的一篇雜文，叫做「八十心情」，足以表達我那時的情意。

第三點也是最末的一點，是我關於自敘傳裡的所謂詩與真實的問題的。這「真實與詩」乃是歌德所作自敘傳的名稱，我覺得這名稱很好，正足以代表自敘傳裡所有的兩種成分，所以拿來借用了。真實當然就是事實，詩則是虛構部分或是修飾描寫的地方，其因記憶錯誤，與事實有矛盾的地方，當然不算在內，唯故意造作的這才是，所以說是詩的部分，其實在自敘傳中乃是不可憑信的，應該與小說一樣的看法，雖然也可以考見到者的思想，不過認為是實有的事情那總是不可以的了。古代希臘叫詩人為「造作者」，意思重在創造，哲學者至有人以詩人為說誑的人，加以排斥，這並沒有錯，英國文人王爾德作文云「說誑之衰歇」(*The Decay of Lying*)，嘆近代詩思的頹廢，便不諱言說誑，日本人翻譯易說誑為「架空」，這有點近於粉飾，如孔乙己之諱偷書為「竊書」了。自敘傳總是混合這兩種而成，即如有名的盧梭和托爾斯泰的《懺悔錄》，據他們研究裡邊也有不少的虛假的敘述，這也並不是什麼瑕疵，乃是自敘傳性質如此，讀者所當注意，取材時應當辨別罷了。因為他們文人天性兼備詩才，所以寫下去的時候，忽然觸動靈機，詩思勃發，便來它一段詩歌的感嘆，小說的描寫，於是這就華實並茂，大著告成了。也有特殊的天才，如伊太利的契利尼者，能夠以徹頭徹尾的誑說作成自敘傳，則是例外不可多得的。我這部回想錄根本不是文人自敘傳，所以夠不上和他們的並論，沒有真實與詩的問題，但是這裡說明一聲，裡邊並沒有什麼詩，乃是完全只憑真實所寫的。這是與我向來寫文章的態度全是一致，除了偶有記憶不真的以外，並沒有一處有意識的加以詩化，即是說過假話。可是假如有人相信了我的這句話，以為所有的事情都真實的記錄在裡邊，想來找得一切疑難事件的說明，那末免是所願太奢了，恐怕是要失望的。我在上邊說過，如果詳盡的說明，那就非有一百萬字不可，這第一說是沒有這紙面。我寫的事實，雖然不用詩化，即改造和修飾，但也有一種選擇，並不是凡事實即一律都寫的。過去有許多事情，在道德法律上雖然別無問題，然而日後想到，總覺得不很愉快，如有吃到肥皂的感覺，這些便在排除之列，不擬加以記錄了。現在試舉一例。這是民國二年春間的事，其時小兒剛生還不到一週歲，我同了我的妻以及妻妹，抱了小兒到後街咸歡河沿去散步。那時婦女天足還很少，看見者不免少見多怪。在那裡一家門口，有兩個少女在那裡私語，半大聲的說道，「你看，尼姑婆來了。」我便對她們搖頭讚歎說，「好小腳呀，好小腳呀！」她們便羞的都逃進門去了。這一種本領，我還是小時候從小流氓學來的手法，可是學做了覺得後味很是不好，所以覺得不值得記下來。此外關於家庭眷屬的，也悉不錄，上邊因為舉例，所以說及。其有關於他人的事，有些雖是事實，而事太離奇，出於情理之外，或者反似《天方夜談》裡頭的事情，寫了也令人不相信，這便都從略了。我這裡本沒有詩，可是卻叫人當詩去看，或者簡直以為是在講「造話」了。紹興方言謂說誑曰講造話，造話一語卻正是「詩」的本原了。但因此使我非本意的得到詩人的頭銜，卻並不是我所希望的。我是一個庸人，就是極普通的中國人，並不是什麼文人學士，只因偶然的關係，活得長了，見聞也就多了些，譬如一個旅人，走了許多路程，經歷可以談談，有人說「講你的故事罷」，也就講些，也都是平凡的事情和道理。他本不是水手辛八，寫的不是旅行述異，其實假如他真是遇見過海上老人似的離奇的故事，他也是不會得來講的。

一九六六年一月三日，知堂記於北京。

知堂回想錄（北大感舊錄）：
探索生命智慧與時代印記

作　　者：周作人
發 行 人：黃振庭
出 版 者：複刻文化事業有限公司
發 行 者：複刻文化事業有限公司
E-mail：sonbookservice@gmail.com
粉 絲 頁：https://www.facebook.com/sonbookss/
網　　址：https://sonbook.net/
地　　址：台北市中正區重慶南路一段六十一號八樓 815 室
Rm. 815, 8F., No.61, Sec. 1, Chongqing S. Rd., Zhongzheng Dist., Taipei City 100, Taiwan

電　　話：(02)2370-3310
傳　　真：(02)2388-1990
印　　刷：京峯數位服務有限公司
律師顧問：廣華律師事務所 張珮琦律師
定　　價：299 元
發行日期：2023 年 12 月第一版
◎本書以 POD 印製

國家圖書館出版品預行編目資料

知堂回想錄（北大感舊錄）：探索生命智慧與時代印記 / 周作人 著 . -- 第一版 . -- 臺北市 : 複刻文化事業有限公司 , 2023.12
面； 公分
POD 版
ISBN 978-626-7403-16-7(平裝)
1.CST: 周作人 2.CST: 回憶錄
782.887 112018569

電子書購買

臉書

爽讀 APP